INHALT

Was für eine
Affenbande

Sie bewohnen verschiedenste Lebensräume, halten zusammen, sind geschickt, ziemlich schlau – und uns Menschen oft verblüffend ähnlich. Werft mit uns einen **Blick** *in die Welt der Affen und erfahrt, weshalb die Tiere so besonders sind*

Text: *Annika Sartor*

Vielfältig

Von zart bis stark

Ein Zwergseidenäffchen (links) wiegt weniger als zwei Tafeln Schokolade, ein mächtiger Gorilla (rechts) mit bis zu 200 Kilogramm locker das Tausendfache. Trotz der **Unterschiede** haben die beiden einiges gemeinsam: Sie sind zwei von rund 500 **Affenarten**, die die Erde bewohnen. Und sie besitzen die gleichen Vorfahren. Unter Affen gibt es nicht nur Winzlinge und Giganten, sondern auch Pflanzen- und Fleischfresser, Tagaktive und Nachtschwärmer, Baum- und Bodenbewohner (einige davon stellen wir euch ab Seite 40 vor). Auf fast allen Kontinenten haben sie ein Zuhause gefunden. Ihre **Lebensräume** sind so verschieden wie die Tiere selbst: tropische Regenwälder, Sümpfe, Savannen und sogar schneebedeckte Berge.

Gesellig

Einer für alle, alle für einen

Einzelgänger? Gibt es unter Affen kaum. Die meisten Arten leben in Gruppen, denn das bringt viele **Vorteile**: Die Tiere teilen sich Futter, beschützen einander, die Kleinen spielen und lernen zusammen. Bei Krallenaffen kümmern sich die Erwachsenen sogar gemeinsam um den **Nachwuchs** – jeder hilft mal als „Babysitter" aus. Je nach Affenart setzen sich Gemeinschaften unterschiedlich zusammen: Oft schart ein einziges Männchen mehrere Weibchen um sich, andere Affen leben in großen gemischten Gruppen. Bei Pavianen (Foto) gibt es beide Lebensweisen, bis zu 250 Tiere können zu einer Gruppe gehören. Ein wichtiges Verhalten in jedem Clan ist die gegenseitige **Fellpflege**: das Lausen. Dabei entfernen die Affen nicht nur Dreck und Parasiten. Die Berührungen festigen Freundschaften, stärken Familienbande oder beschwichtigen Ärger.

Menschlich

Verblüffende Ähnlichkeit

Bitte lächeln! Dieser Schopfmakak aus Indonesien (links) hat tatsächlich einen Schnappschuss von sich selbst gemacht. Das Selfie entstand, als ein Fotograf seine **Kamera** auf einem Stativ vergaß. Wer es anschaut, muss feststellen: Affen sind uns ziemlich ähnlich – vor allem die sogenannten Menschenaffen! Kein Wunder, schließlich gehören wir alle zur selben Familie. Sie teilt sich in acht Arten, darunter ist auch der Bonobo (oben). Das **Skelett** aller Menschenaffen ähnelt sich stark. Das gilt ebenfalls für ihre Organe, ihr Nerven- und ihr Abwehrsystem. Selbst ihre **Fingerabdrücke** gleichen sich – und damit unseren eigenen. Dank der Struktur ihres Gehirns können sie zum Teil sogar denken und fühlen wie wir: Sie erkennen sich im Spiegel, lernen aus Fehlern oder trauern um tote Gefährten.

GEOlino extra Fotos: imago (l); mauritius images

Schlau
Das ist der Hammer

Er hat zugeschlagen! Dieser Rückenstreifen-Kapuziner knackt eine Palmnuss – und benutzt einen Stein als Hammer! Lange Zeit dachten Forscher, nur Menschen seien klug genug, **Werkzeuge** anzufertigen und einzusetzen. Inzwischen ist aber bekannt: Viele Affenarten benutzen Hilfsmittel, um sich das Leben leichter zu machen. Vor allem Menschenaffen sind geschickt darin. Schimpansen etwa angeln mit **Stöckchen** nach Ameisen und Termiten. Mit mindestens 22 verschiedenen Werkzeugen sind sie die geschicktesten „Handwerker" (lest dazu mehr ab Seite 34). Doch auch andere Familienmitglieder haben **Lösungen** für alltägliche Probleme gefunden: Gorillas testen mit Stöcken, wie tief ein Tümpel ist, bevor sie sich hineinwagen. Orang-Utans benutzen große Blätter als Sonnenschirme und belaubte Zweige als Fliegenklatschen.

GEOlino extra Fotos: NPL/imago

Bedroht

Rette sie, wer kann!

Allein auf den südostasiatischen Inseln Borneo und Sumatra haben Menschen in den vergangenen zehn Jahren geschätzt sieben Millionen Hektar Regenwald abgeholzt – das entspricht etwa der Fläche des Bundeslandes Bayern. Orang-Utans (Foto) verlieren so Stück für Stück ihren **Lebensraum** (mehr über ihr Schicksal erfahrt ihr ab Seite 22). Wie sie sind Dutzende Arten bedroht oder stehen gar vor dem **Aussterben**, etwa die mächtigen Gorillas im Kongo, Stumpfnasenaffen in China oder Löwenäffchen in Brasilien. Oft werden die Tiere von Wilderern wegen ihres Fleisches gejagt, mit Krankheiten angesteckt oder geraten in Kriegsgebieten zwischen die Fronten. Um ihnen zu helfen, wurden **Schutzgebiete** gegründet, in denen die Affen ungestört sind. In Auffangstationen päppeln Tierschützer verletzte Exemplare auf. Und Zoos starten Zuchtprogramme, um das Überleben einzelner Arten zu sichern.

START-BLOCK

Die wichtigsten Fakten vorweg

AFFEN

Text: *Simone Müller*

STAMMBAUM

Die nächsten Verwandten von uns Menschen sind Affen, so viel ist klar. Aber wer sind unsere gemeinsamen Vorfahren? Einige Forscher vermuten, dass die ersten Primaten rattengroße Säugetiere waren, die auf Bäumen nach Insekten jagten. Vermutlich ähnelte ihr Aussehen dem eines Eichhörnchens. ==Vor etwa 65 Millionen Jahren spaltet sich der Stammbaum der Primaten erstmals auf – in Feuchtnasen-Primaten und Trockennasen-Primaten.== Zu Letzteren gehört auch die Teilordnung der Affen, um die es in diesem Heft geht. ==Sie umfasst heute acht Familien mit mehr als 500 Arten.== Der Stammbaum zeigt, wie sie miteinander verwandt sind und wann sie entstanden. Je weiter eine Familie vom Ausgangspunkt des Stammbaums entfernt ist, desto weiter entwickelt ist ihr Gehirn.

... **Affen**
vor 46 Mio. Jahren

❶ Neuweltaffen

vor 23 Mio. Jahren

❷ Schlank- und Stummelaffen

Geschwänzte Altweltaffen

❸ Backentaschenaffen

vor 32 Mio. Jahren

Altweltaffen

❹ Gibbons

vor 20 Mio. Jahren

Menschenartige

❺ Menschenaffen

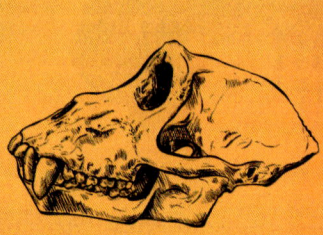

GEOlino extra Fotos: Gerard Lacz/AGE/Flonline (r., Gibbon); shutterstock (18)

❶ Neuweltaffen

Etwa die Hälfte aller Affenarten lebt in den Tropenwäldern Süd- und Mittelamerikas. Sie werden als Neuweltaffen bezeichnet. Von den sogenannten Altweltaffen unterscheiden sie sich vor allem durch ihre **Nasenlöcher**: Bei Neuweltaffen zeigen diese zur Seite, bei Altweltaffen nach vorn oder unten. Zudem nutzen einige Neuweltaffen wie die Klammer- oder Brüllaffen ihren langen Greifschwanz zum Klettern und Zupacken. Die häufigsten Vertreter sind die kleinen, geselligen Totenkopfaffen (Foto).

❷ Schlank- und Stummelaffen

„Kühe der Bäume" werden Mitglieder dieser Unterfamilie auch genannt. Wie bei Rindern ist ihr **Magen** nämlich in mehrere Kammern unterteilt. Nur so können sie ihre Hauptnahrung effektiv zersetzen: verdauliche Blätter. Stummelaffen haben zudem fast oder gar keine Daumen, Schlankaffen meist einen schmalen Körperbau. Zu Letzteren gehören etwa die langschwänzigen Hanuman-Languren (Foto) sowie die Nasenaffen mit ihren auffälligen birnenförmigen Zinken.

❸ Backentaschenaffen

Auch hier ist der Name Programm: Backentaschenaffen stopfen sich wie Hamster die Backen mit Nahrung voll. Typisch sind ihre großen, spitzen Eckzähne und die auffälligen Hinterteile. Wie Paviane (Foto) besitzen viele Arten **Gesäßschwielen** aus haarloser, dicker Haut, die als Sitzkissen dienen. Zu den Backentaschenaffen gehören außerdem Javaner-, Rhesusaffen und Makaken – und damit auch Berberaffen, die einzige wild lebende Affenart in Europa.

❹ Gibbons

Selbst unter Affen fallen Gibbons wie der Weißhandgibbon (Foto) durch ihre besonders langen **Arme** auf. Mit ihnen schwingen sie sich gekonnt von Ast zu Ast. Gibbons zählen damit zu den größten Kletterkünstlern. Ähnlich bekannt sind sie für ihre dröhnenden Gesänge. Gibbons haben keinen Schwanz, genau wie Menschenaffen. Weil sie denen auch sonst ziemlich ähnlich sind, werden sie manchmal „kleine Menschenaffen" genannt.

❺ Menschenaffen

Sie sind sozusagen der engste Familienkreis des Menschen: Orang-Utans, Gorillas und Schimpansen, zu denen auch die Bonobos zählen (Foto). Menschenaffen sind die größten lebenden Affen und tragen im Vergleich zu anderen Arten nur ein spärliches Fell. Alle Mitglieder der Gruppe sind vom Aussterben bedroht – bis auf den Menschen. Unsere Art, **Homo sapiens**, entstand als jüngste vor rund 250 000 Jahren. Menschen sind die einzigen Affen, die ausschließlich auf zwei Beinen gehen.

KÖRPERBAU

Sie balancieren auf dünnen Ästen, hangeln an Lianen, können bisweilen blitzschnell rennen und sogar schwimmen: Affen bewegen sich auf viele Arten fort, ihr Körperbau ist jeweils daran angepasst. Doch ob Mensch oder Makak: Die Grundbausteine des Skeletts sind immer gleich – vom riesigen Oberschenkelknochen bis zu den winzigen Gehörknöchelchen.

So können fast alle Affen ihre Hände zu Haken formen und mit den Füßen zupacken. ==Die große Zehe funktioniert dabei ähnlich wie ein Daumen.== Ihre Finger und Zehen sind lang, sodass sie selbst dicke Äste fest umgreifen können. Zudem sind die Beine meist länger und stärker als die Arme – mit zwei Ausnahmen: Gibbons und Menschenaffen. Sie haben extrem lange und kräftige Arme und besonders bewegliche Schultergelenke. Schließlich klettern sie meist nicht mit allen vieren durch das Geäst, sie hangeln! Und noch etwas unterscheidet sie: Ihnen fehlt der Schwanz.

Bei allen anderen Affenarten ist dieser oft so lang wie der Körper und kann sich aus mehr als 30 Wirbeln zusammensetzen. ==Er hilft den Tieren, beim Turnen in den Bäumen die Balance zu halten.== Klammerschwanzaffen nutzen ihn zudem als dritte Hand. Sie verfügen sogar über das nötige Schwanzspitzengefühl, um Früchte oder Blätter zu pflücken: Das Ende des Greifschwanzes ist an der Unterseite haarlos und die Haut von feinen Rillen durchzogen. So können sie damit gut tasten – fast wie mit einem Finger!

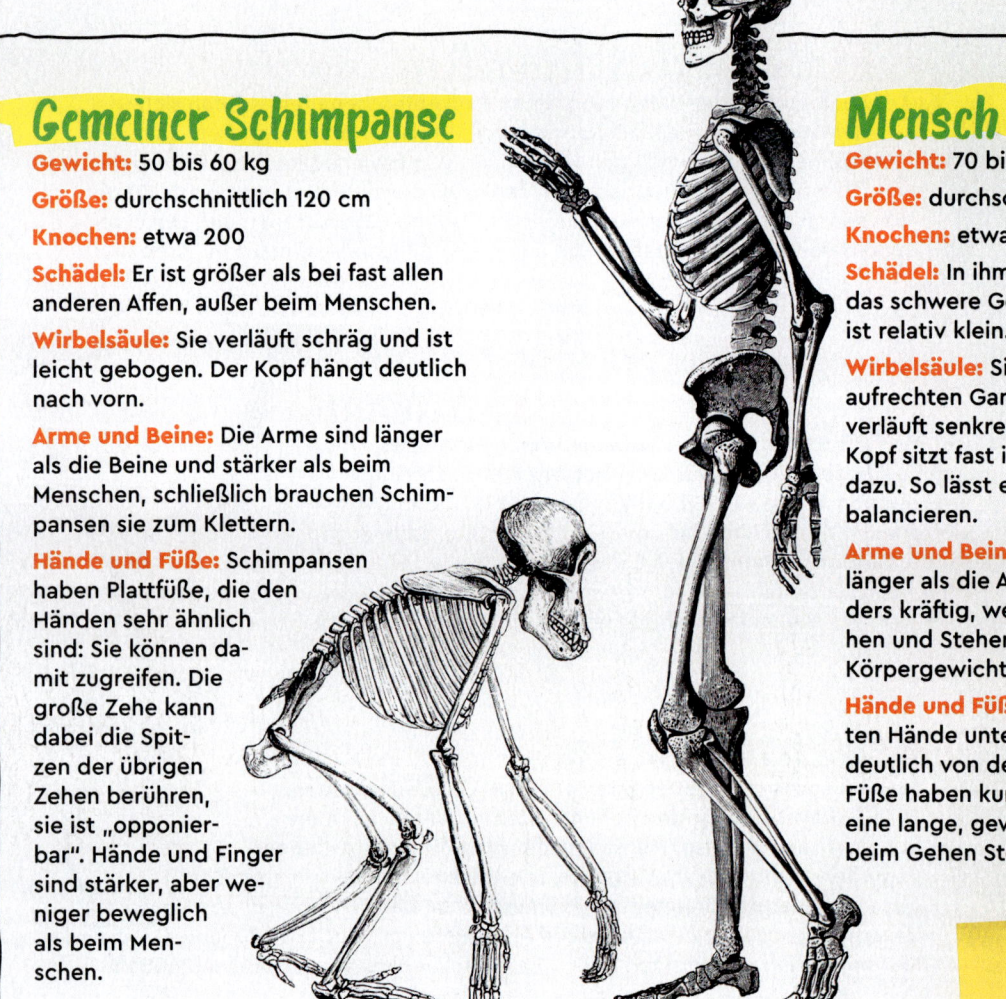

Gemeiner Schimpanse

Gewicht: 50 bis 60 kg

Größe: durchschnittlich 120 cm

Knochen: etwa 200

Schädel: Er ist größer als bei fast allen anderen Affen, außer beim Menschen.

Wirbelsäule: Sie verläuft schräg und ist leicht gebogen. Der Kopf hängt deutlich nach vorn.

Arme und Beine: Die Arme sind länger als die Beine und stärker als beim Menschen, schließlich brauchen Schimpansen sie zum Klettern.

Hände und Füße: Schimpansen haben Plattfüße, die den Händen sehr ähnlich sind: Sie können damit zugreifen. Die große Zehe kann dabei die Spitzen der übrigen Zehen berühren, sie ist „opponierbar". Hände und Finger sind stärker, aber weniger beweglich als beim Menschen.

Mensch

Gewicht: 70 bis 80 kg

Größe: durchschnittlich 170 cm

Knochen: etwa 200

Schädel: In ihm ist Platz für das schwere Gehirn. Der Kiefer ist relativ klein.

Wirbelsäule: Sie ist an den aufrechten Gang angepasst und verläuft senkrecht. Der schwere Kopf sitzt fast in einer Linie dazu. So lässt er sich leichter balancieren.

Arme und Beine: Die Beine sind länger als die Arme und besonders kräftig, weil sie beim Gehen und Stehen das gesamte Körpergewicht tragen.

Hände und Füße: Die geschickten Hände unterscheiden sich deutlich von den Füßen. Die Füße haben kurze Zehen und eine lange, gewölbte Sohle, die beim Gehen Stöße abfedert.

GEOlino extra Fotos: akg-images (l.u.l.); Duncan Walker/Getty Images (l.u.r.); mauritius images/Science Source/Evan Oto (r.o.); shutterstock (10)

GEHIRN und SINNE

Auf den ersten Blick sehen das Gehirn eines Schimpansen und das eines Menschen ziemlich gleich aus. Es besteht – wie bei allen Affen – aus dem Großhirn, dem Zwischenhirn, dem Hirnstamm und dem Kleinhirn. Und es funktioniert auch ganz ähnlich. Warum aber sind einige Affen cleverer als andere? Und wir Menschen am schlausten? Klar, das Menschenhirn ist größer und mit durchschnittlich 1300 Gramm mehr als dreimal so schwer wie das eines Schimpansen. Die Größe allein sagt aber noch nicht viel darüber aus, ob ein Tier intelligent ist oder nicht. Forscher betrachten deshalb die Größe des Gehirns im Verhältnis zur Körpermasse. Bei Schimpansen macht es rund 0,6 Prozent des Gesamtgewichts aus, beim Menschen zwei Prozent. Vor allem ein bestimmter Teil des Hirns ist bei Menschen größer: die Großhirnrinde, also die Oberfläche des Großhirns. Sie enthält besonders viele Nervenzellen. Wir brauchen sie, um nachzudenken, uns Dinge zu merken oder um Sprache zu verstehen.

Wenn ihr nun noch einmal ganz genau hinschaut, könnt ihr vielleicht erkennen: Das Großhirn des Menschen windet sich enger und bildet mehr Falten als das des Schimpansen. Dadurch ist die Oberfläche größer – und mit ihr die Großhirnrinde. Viele Forscher vermuten, dass Menschen deshalb intelligenter sind. Je näher eine Art mit uns verwandt ist, desto mehr Windungen hat ihre Großhirnrinde und desto cleverer ist sie. Das zeigt etwa der Vergleich eines Schimpansen mit einem Makak.

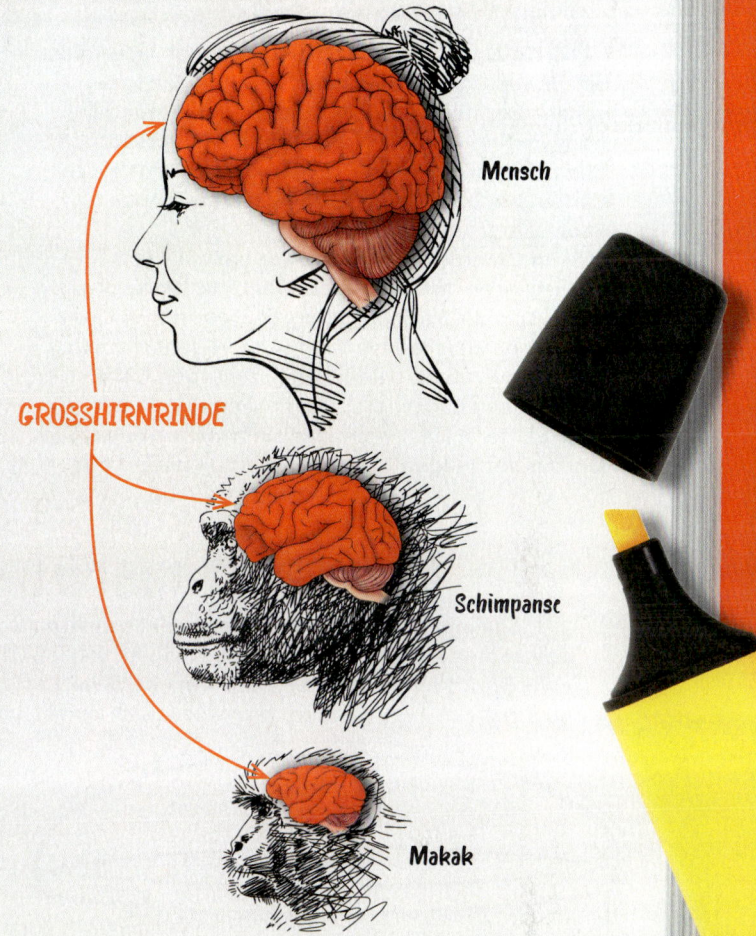

Mensch

GROSSHIRNRINDE

Schimpanse

Makak

Sehen

Wie weit ist es bis zum nächsten Ast? Welche Frucht ist reif und süß? Auf ihrem Weg durchs Geäst verlassen sich Affen vor allem auf den Sehsinn. Ihre Augen sitzen vorn am Kopf, sodass sie geradeaus schauen. Dabei sehen das rechte und das linke Auge ein und dasselbe Bild aus verschiedenen Winkeln, erst das Gehirn setzt sie zu einem einzigen zusammen. Durch diese Doppelbilder können Affen Entfernungen genau abschätzen. Altweltaffen sehen zudem Farben sehr gut. Das ist wichtig, um reife, rote Früchte zu erspähen und Grüntöne zu unterscheiden – etwa die von saftigen, jungen oder alten, ledrigen Blättern. Viele Neuweltaffen hingegen nehmen Rot- und Grüntöne nur schwach wahr.

Riechen

Affen haben im Vergleich zu anderen Säugetieren keinen guten Riecher, allen voran die Menschenaffen. Die meisten Arten haben nämlich ziemlich kurze, flache Schnauzen mit kleinen Nasenhöhlen. Darin ist ganz einfach wenig Platz für Riechzellen. In eine lange Hundeschnauze zum Beispiel passen bis zu 20-mal so viele hinein. Trotzdem können manche Affen immerhin andere Gruppenmitglieder am Geruch ihres Kots oder Urins erkennen.

Hören

Unsere nächsten Verwandten können vermutlich deutlich leisere Geräusche wahrnehmen als wir Menschen. So erkennen sie Gruppenmitglieder, andere Tiere und Gefahren – auch wenn sie diese im Blätterwald nicht sehen. Dafür sind Menschenohren besser darin, Unterschiede in Geräuschen zu entdecken: eine Voraussetzung, um Sprache zu verstehen.

ERNÄHRUNG

Affen mögen am liebsten Bananen, oder? Quatsch! Die fressen sie zwar auch, aber nicht nur. Und auch nicht am liebsten. Bei Menschenaffen stehen zum Beispiel Feigen besonders hoch im Kurs. Die meisten Affen sind hauptsächlich Pflanzenfresser, neben Früchten vertilgen sie Blüten, Blätter, Knollen und andere Pflanzenteile oder Baumsäfte.

==Beim Orang-Utan etwa stehen mehr als 400 Pflanzenarten auf dem Speiseplan!== Das Gebiss ist perfekt an die Nahrung angepasst: Mit den spitzen Eckzähnen knacken die Tiere Nüsse oder schlitzen Stängel auf, um das Mark herauszusaugen. Dank ihrer breiten Backenzähne zermalmen sie selbst zähe Blätter – auch wenn das ein bisschen dauert: Gorillas verbringen täglich 20-mal so viel Zeit mit Kauen wie Menschen. Viele Affen verputzen neben pflanzlicher Kost aber auch Spinnen, Würmer und Insekten wie Ameisen und Termiten, erbeuten kleine Wirbeltiere wie Eidechsen oder Mäuse und stibitzen Vogeleier.

==Die einzigen Menschenaffen (neben uns Menschen), die auch größere Tiere erbeuten, sind Schimpansen.== Gemeinsam machen sie Jagd auf kleine Antilopen, Buschschweine oder Gleithörnchen. Dabei scheuchen „Treiber" die Beute in eine bestimmte Richtung, andere versperren die Fluchtwege. Außerdem gibt es „Fänger", die die Beute schnappen und töten. In manchen Jahren erlegt eine Gruppe mit 50 bis 100 Tieren so mehr als 150 Beutetiere und verspeist damit gut 600 Kilogramm Fleisch. Und ja, ab und zu essen selbst Schimpansen auch mal eine Banane.

Die Masse macht den Unterschied

Schimpansen und Menschen sind Allesfresser. Doch im Vergleich zu unseren nächsten Verwandten essen wir viel kleinere Mengen. Schließlich liefern gekochte und verarbeitete Speisen wie Brot oder gegrilltes Fleisch viel effektiver **Energie** als Rohkost. Die stopfen Schimpansen eimerweise in sich hinein, um satt zu werden.

Menschen-Mahlzeit

Eier · Fisch / Fleisch · Früchte · Brot · Reis · Gemüse

Schimpansen-Mahlzeit

Feigen · Honigwaben · Termiten · Detarium-Früchte · Spinnen und Käfer · Blüten und Früchte der Saba-Liane · Ölpalmen- und andere Blätter

KOMMUNIKATION

Ein Brummen dröhnt durch den Regenwald, steigert sich zu einem ohrenbetäubenden Brüllen. Der sogenannte lange Ruf der Orang-Utans gilt als eines der lautesten Geräusche im Tierreich. „Ich bin hier der Chef, das ist mein Revier", will der Anführer einer Gruppe damit allen anderen Männchen mitteilen. Auch viele weitere Arten verteidigen ihr Revier mit Gebrüll.

Um untereinander oder mit Feinden zu kommunizieren, nutzen Affen verschiedenste Laute, Gesichtsausdrücke und ihre Körpersprache. Bei kleineren Arten pfeifen oder keckern, bei größeren Arten schreien die Tiere, um anderen aus der Gruppe mitzuteilen, wo genau sie sich gerade befinden – besonders wichtig, wenn sie sich im Dickicht des Waldes nicht sehen können. Außerdem warnen sich Affen durch Rufe vor Feinden oder teilen den anderen mit, wenn sie einen guten Futterbaum gefunden haben. Ähnlich typisch ist das sekundenlange Starren als Drohgebärde. Oft suchen Rivalen dann direkt das Weite, Kämpfe bleiben aus.

Auch das Lausen hat bei allen Affenarten eine ähnliche Bedeutung: Tiere mit niedrigerem Rang säubern häufig denjenigen das Fell, die über ihnen stehen. So zeigen sie unter anderem, dass sie die Rangordnung akzeptieren.

Andere Signale werden hauptsächlich innerhalb einer Gattung genutzt. Bestes Beispiel: das Brusttrommeln der Gorillas, mit dem sie Gegner einschüchtern. Schimpansen hingegen werfen meist mit Stöcken oder Steinen, um anderen zu drohen.

Interessiert
Empfangsbereit: Mit geschlossenem Maul und offenem **Blick** beobachtet der Schimpanse eine Situation. Er ist konzentriert und aufmerksam.

Angespannt
Leicht gespitzte **Lippen**, hochgezogene Brauen, starrer Blick: Dieser Schimpanse ist angespannt und sprungbereit. Starrt er länger und sträubt dabei noch das Fell, droht er seinem Gegenüber.

Verspielt
„Willst du mit mir spielen?", soll dieses Gesicht sagen. Das Maul ist beim Herumtollen leicht geöffnet, die **Oberlippe** verdeckt die oberen Zähne. Oft gibt der Schimpanse dabei auch Keuchlaute von sich: Er lacht.

Ängstlich
Zähne zeigen: So signalisiert ein Schimpanse, dass er sich fürchtet oder beunruhigt ist. Je weiter er das **Maul** aufreißt, desto aufgeregter ist er.

WAISENHAUS IM WALD

Orang-Utans sind in Gefahr: Auf der südost-asiatischen Insel Borneo schrumpft ihr Lebensraum. Noch dazu werden viele von Wilderern oder Bauern getötet, oft vor den Augen ihrer Jungen. Doch es gibt eine **Auffangstation**, in der die Äffchen Hilfe finden – und fürs Leben lernen

Text: **Christina Schmidt**

Mit links: Nach drei Monaten in der Auf-fangstation hangelt sich Kartini geschickt durch die Bäume. Das **Affenmädchen** kam im April 2018 in das Waisenhaus

Aufstehen! Die Schule beginnt! Für Kartini geht es schon früh am Morgen los. Es wird gerade hell, als sie zum Frühstück greift und anfängt, an einer Karotte zu knabbern. Kurz darauf wird sie an die Hand genommen und klettert in einen weißen Jeep – ihren Schulbus. Als alle in den Wagen eingestiegen sind, fährt er los. Über Sandpisten schaukelt er in den Regenwald. Dort, zwischen den Bäumen, befindet sich Kartinis Schule, denn: Sie ist ein Orang-Utan-Kind.

Zusammen mit sieben Artgenossen lebt Kartini in einer Auffangstation der Tierschutzorganisation Vier Pfoten im Südosten der Insel Borneo. Die Menschen, die sie morgens in die nahe gelegene Dschungelschule zwischen den Städten Balikpapan und Samarinda bringen, sind Tierpfleger, Lehrer und zugleich Ersatzeltern. Denn alle Orang-Utans hier sind Waisen. Die deutsche Primatologin Signe Preuschoft leitet die Station seit deren Gründung im April 2017. ▸

Ersatzmutter: Signe Preuschoft arbeitet für die Tierschutzorganisation Vier Pfoten und ist die **Leiterin** des Affen-Waisenhauses. Natürlich kennt sie alle Bewohner persönlich – auch den etwa acht Monate alten Gonda

WELCOME TO FOUR PAWS FOREST SCHOOL
SELAMAT DATANG DI SEKOLAH HUTAN DARI FOUR PAWS

Über Sandwege und eine Brücke gelangt man in die **Dschungelschule** im Regenwald. Sie ist 100 Hektar groß und liegt nahe der Stadt Balikpapan auf der Insel Borneo

GEOlino extra Fotos: Phorta Corbi/VIER PFOTEN (l.), VIER PFOTEN (r.o.), Rifky/VIER PFOTEN (r.u.)

Abgeholzt: Auf Borneo und Sumatra zerstören die Menschen den **Regenwald** und damit das Zuhause der Orang-Utans. Allein in den vergangenen zehn Jahren verschwand eine Fläche, die so groß ist wie Bayern

WIE WIR DIE WELT RETTEN!

STICHWORT: **PALMÖL**

*Ihr wollt selbst etwas tun? Wir stellen euch **Tipps** und Ideen vor*

WISSEN!

- Ob Schokolade, Margarine, Kekse oder Pizza: Palmöl steckt geschätzt in jedem zweiten **Supermarkt-produkt**. Es verbirgt sich nicht nur in Lebensmitteln, sondern auch in Seifen, Hautcremes, Waschmitteln und Tierfutter.

- Palmöl wird aus den Früchten der **Ölpalme** gewonnen. Rund 65 Millionen Tonnen davon pressen die großen Palmölfirmen jährlich aus ihnen heraus. Das entspricht dem Gewicht von 13 000 Afrikanischen Elefanten.

- Um Platz für die Ölpalmen-Plantagen zu schaffen, wird tropischer **Regenwald** abgeholzt oder abgebrannt. Allein auf der indonesischen Insel Sumatra kommen dabei Gebiete so groß wie 88 Fußballfelder zusammen – jede Stunde!

MACHEN!

- Ganz klar: auf Palmöl verzichten! In welchen Produkten es steckt, erfahrt ihr im **Online-Einkaufs-führer** auf www.umweltblick.de/index.php/branchen/produkte-ohne-palmoel

- Genau hinschauen! Palmöl wird auf Verpackungen oft anders genannt: „pflanzliches Öl", „vegetabiles Fett" oder „Sodium Palm Kernelate". Wenn ihr sichergehen wollt, dass ein Produkt palmölfrei ist, scannt es mit der kostenlosen **App** „Codecheck".

- Ran an den Herd! Vor allem in **Fertigprodukten** steckt Palmöl. Kocht darum am besten selbst und frisch.

Bis zu 50 Kilogramm wiegen die Fruchtstände einer Ölpalme. Aus ihnen kann man Hunderte pflaumen-große **Früchte** ernten – und daraus das begehrte Palmöl gewinnen

Dicht an dicht: Auf gerodeten Flächen pflanzen Bauern meist **Ölpalmen** an. Die Plantagen sind riesig, und oft verirren sich Orang-Utans dorthin. Denn viele Felder grenzen wie dieses hier direkt an den Regenwald

Zusammen mit insgesamt 19 Tierpflegern, Verhaltens-Experten und Tierärzten kümmert sich die 57-Jährige um das Wohl der Affen und bringt ihnen bei, ein arttypisches Leben zu führen – Hilfe, die auf Borneo dringend nötig ist.

Allein zwischen den Jahren 1999 und 2016 ist die Zahl der Orang-Utans auf der asiatischen Insel um rund 150 000 geschrumpft. Forscher haben die Nester der Tiere gezählt und schätzen, dass dort nur noch 50 000 bis 100 000 der Affen leben. Eigentlich hangeln sie sich durch die Baumkronen, doch die Menschen zerstören den Regenwald. Sie fällen Bäume, um deren Holz zu verkaufen, oder legen Feuer, die den Boden kahl fressen. Auf den freien Flächen bauen sie Ölpalmen an, weil sie daraus Palmöl gewinnen und verkaufen können. Dieses wird in Benzin gemischt, in Hautcremes, Schokolade oder Margarine (lest dazu den Kasten links unten). Wildtiere wie die Orang-Utans verlieren so Stück für Stück ihr Zuhause.

Damit nicht genug: Immer wieder sterben Tiere während der Brandrodungen in den Flammen. Verirren sich die Affen auf die Ölpalmen-Plantagen, werden sie oft von Bauern getötet, damit sie keine Ernte klauen. Außerdem gibt es Wilderer, die die Tiere wegen ihres Fleisches jagen. So kommt es, dass viele Orang-Utan-Kinder ihre Mütter verlieren – auch die etwa 20 Monate alte Kartini.

Vermutlich hat sie tagelang allein auf einem Baum gehockt, bis Menschen sie fanden. Eigentlich leben Orang-Utan-Kinder die ersten zwei Jahre nah bei ihren Müttern, krallen sich an ihnen fest, lassen sich umhertragen und bleiben so warm und sicher. In den Jahren darauf lernen die Kleinen von den Erwachsenen, wie man im Dschungel überlebt. Nun müssen diese Aufgabe Signe Preuschoft und die anderen Tierpfleger übernehmen.

Die Bewohner des Waisenhauses sind zwischen einem und neun Jahre alt. Weil sie ganz unterschiedliche Probleme haben, ist der Unterricht in der Dschungelschule einzeln ▶

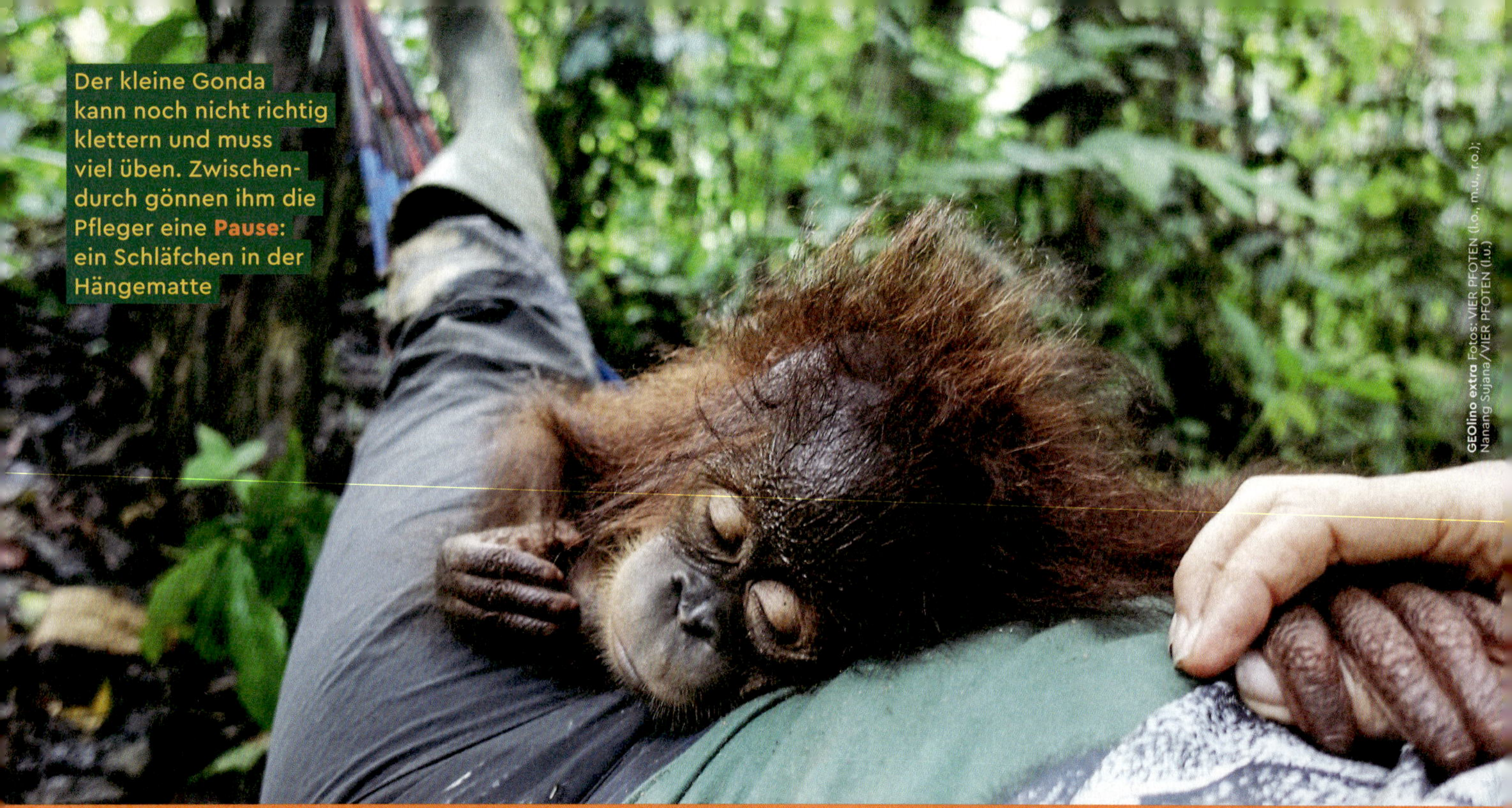

Der kleine Gonda kann noch nicht richtig klettern und muss viel üben. Zwischendurch gönnen ihm die Pfleger eine **Pause**: ein Schläfchen in der Hängematte

GEOlino extra Fotos: VIER PFOTEN (l.o., m.u., r.o.); Nanang Sujana/VIER PFOTEN (l.u.)

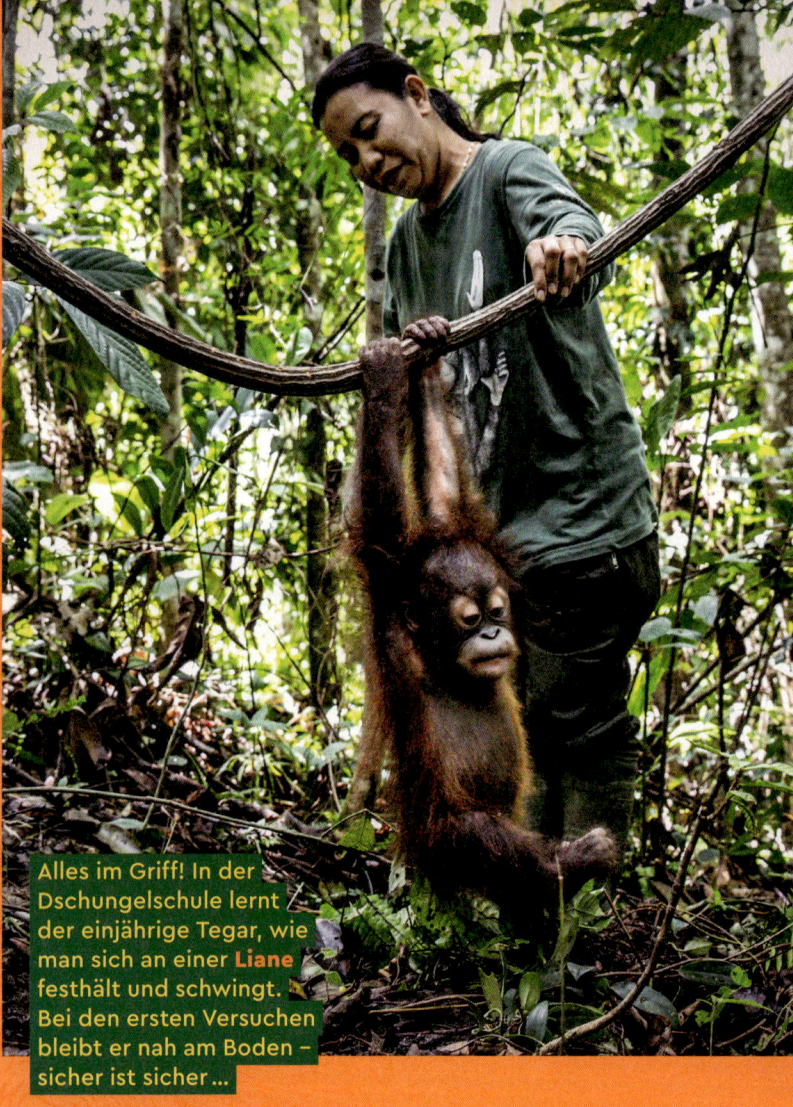

Alles im Griff! In der Dschungelschule lernt der einjährige Tegar, wie man sich an einer **Liane** festhält und schwingt. Bei den ersten Versuchen bleibt er nah am Boden – sicher ist sicher ...

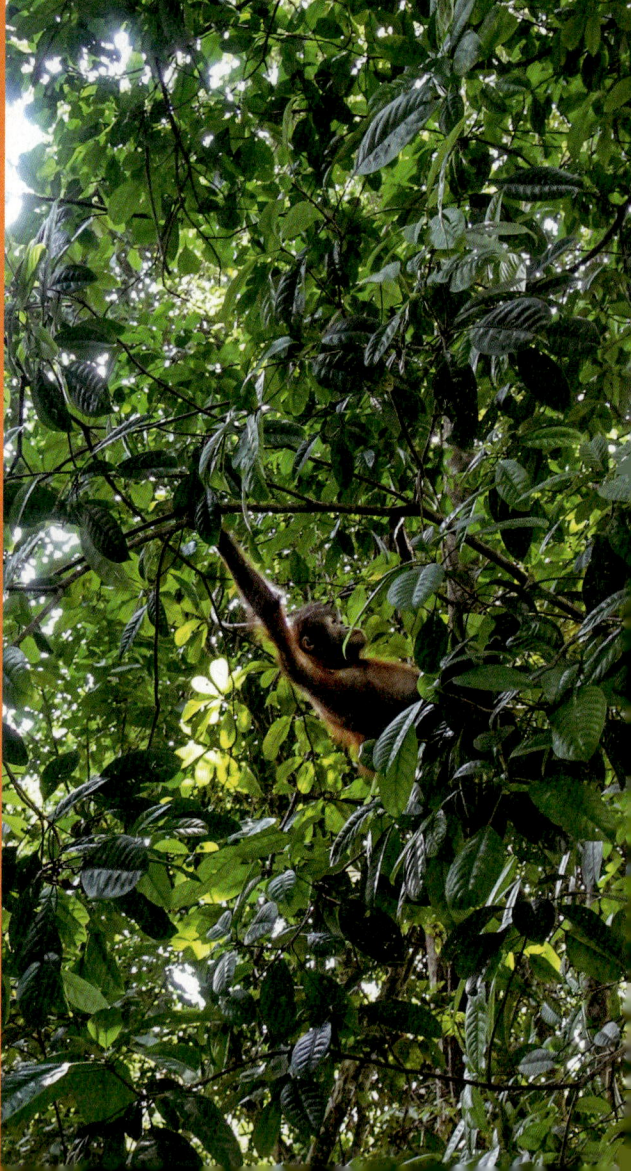

Schmeckt's? Eigentlich lernen Orang-Utans von ihren Müttern, welche **Pflanzen** und Früchte sie fressen können. In der Dschungelschule springen die Affenpfleger ein

Ab ins Grüne: Kartini und Gerhana schwingen sich von Ast zu Ast. Um die beiden Affen beim **Klettern** zu ermutigen, hat sich auch ein Pfleger in den Baum gewagt

auf sie abgestimmt. Auf dem Stundenplan stehen zum Beispiel: Futtersuche, Nestbau, Geschicklichkeitstraining. Hat ein Affe Angst auf wackeligen Ästen? Dann soll er sich zunächst in einer Hängematte ans Wippen und Schaukeln gewöhnen. Hat einer das Klettern verlernt? Dann schwingt sich ein Pfleger mit ihm in ein Gerüst im Wald. Das Waldstück, auf dem sich die Affen tagsüber austoben – sozusagen ihr Schulhof – ist so groß wie 141 Fußballfelder. Nachts schlafen sie in ihren großen Käfigen in der Auffangstation.

Nicht alle Bewohner gelangten direkt aus dem Dschungel dorthin, so wie Kartini. Es kommt vor, dass Wilderer die Äffchen als Haustiere an Menschen verkaufen. Da ist beispielsweise Gonda, der zwei Monate lang wie ein menschlicher Säugling in einer Familie herumgetragen, gefüttert, gepflegt wurde, bis es seinen Besitzern zu viel Arbeit wurde.

Vor einer Weile, erzählt Signe Preuschoft, hatte sie eine Schülerin, die jahrelang bei Menschen gelebt hat – das konnte man deutlich an ihrem Verhalten sehen. Preuschoft war dabei, als das Orang-Utan-Weibchen zufällig ein paar Strümpfe im Wald fand. „Sie fing an, den einen über ihren Fuß zu ziehen, den anderen über ihren Arm", erzählt sie. „Nach einer Weile hat sie die Strümpfe ausgezogen und fein säuberlich gefaltet, so wie man Wäsche zusammenlegt." Was vielleicht lustig aussieht, ist ein großes Problem. Die Affen sollen voneinander affentypisches Verhalten lernen und sich auf die Wildnis vorbereiten, anstatt Menschen nachzuahmen. Besucher sind darum im Waisenhaus verboten. Und viele Pfleger sprechen nicht mit den Tieren, sie versuchen, Affenlaute nachzuahmen – gar nicht so leicht…

Auch mit Kartini war es am Anfang schwer. Doch sie ist Signe Preuschoft sofort ans Herz gewachsen. Bis Kartini die Forscherin lieb hatte, dauerte es hingegen. Zunächst vermisste das Affenmädchen seine Mutter und musste sich an die völlig neue Umgebung gewöhnen. Statt in den Baumkronen saß Kartini in einem Käfig. ▶

Für ihre Artgenossen interessierte sich Kartini nicht. Kamen die anderen Affen abends aus der Waldschule zurück und turnten nebenan, hockte sie einfach bloß da. Also versuchte Signe Preuschoft, ihr Vertrauen zu gewinnen, und setzte sich zu ihr. Stunden, Tage. Bis Kartini aufstand und sich an sie kuschelte.

Damals, in Kartinis Käfig, beobachtete Signe Preuschoft etwas Erstaunliches: Auf ihrer Digitalkamera hatte sie Fotos gespeichert, die sie dem Orang-Utan-Mädchen zeigte. Kartini guckte interessiert, wenn sie Bilder anderer Affen entdeckte. Waren Menschen zu sehen, wandte sie sich ab. „Einmal habe ich ihr ein Bild von sich selbst gezeigt", erzählt Signe Preuschoft, „da hat sie das Display geküsst."

So kam Signe Preuschoft auf eine Idee: Wenn Kartini sich gern Bilder von Affen anschaute – konnte man nicht eine Lernmethode daraus entwickeln? Die 57-Jährige kontaktierte Affenforscher in der Schweiz, die Orang-Utans in freier Wildbahn gefilmt haben. Nun will sie Kartini und den anderen diese Videos vorspielen, damit sie sehen, was Menschen ihnen nicht vorleben können.

Denn so sehr sich die Tierpfleger auch bemühen: Sie können sich nicht so fest in Lianen krallen wie ein Orang-Utan. Sie können keine Affennester bauen, so geschickt Nüsse knacken. Und sie können zwar den Kleinen dabei helfen, erste Kletterversuche zu wagen, aber niemals mit ihnen durch die Baumwipfel schwingen.

In ein paar Jahren wird Kartini allein zurechtkommen, im weiten Dschungel – in der Freiheit. Dorthin hat Signe Preuschoft bereits einige Affenkinder aus einem anderen Projekt entlassen. Als sie die Tiere Monate später dort besuchte, kamen die zwar kurz gucken, schwangen sich aber schnell zurück in die Bäume. Immer höher, immer tiefer ins Dickicht des Waldes. „Sie sind eben dort zu Hause", sagt Signe Preuschoft, „und für uns ist ein Urwald ein abenteuerlicher Ort, an den wir nicht gehören." ∎

Dieses Foto wurde aufgenommen, als **Kartini** gerade einmal sieben Tage in der Station war. Damals musste sie sich an die neue Umgebung gewöhnen und hockte am liebsten allein in ihrem Käfig

Zurück in die **Wildnis**: Wenn die Pfleger die Orang-Utans wieder in die Freiheit entlassen, suchen sie für die Tiere ein möglichst unberührtes Stück Regenwald

GEOlino extra Fotos: Signe Preuschoft/VIER PFOTEN (l.o.); Jejak Pulang/VIER PFOTEN (r.o.); Nanang Sujana/VIER PFOTEN (r.u.)

ORANG-UTAN

Allgemein: Orang-Utans leben in den Baumkronen der Tiefland-Regenwälder auf Borneo und Sumatra – zwei Inseln in Südostasien. Borneo-Orang-Utans (●), wissenschaftlich *Pongo pygmaeus*, und die beiden Orang-Utan-Arten auf Sumatra, *Pongo abelii* (●) und *Pongo tapanuliensis* (●), unterscheiden sich nur wenig. Alle drei Arten sind vom Aussterben bedroht. Auf Borneo leben noch 50 000 bis 100 000, auf Sumatra rund 14 800 Tiere.

Größe und Gewicht: Männliche Tiere sind 1,40 Meter groß und erreichen ein Gewicht von bis zu 90 Kilogramm. Weibchen sind etwa 30 Zentimeter kleiner und 40 Kilogramm leichter.

Nahrung: Zwei Drittel ihres Futters besteht aus Früchten, zum Beispiel Feigen. Dazu lassen sie sich Blätter schmecken.

Nachwuchs: Mit etwa 15 Jahren bekommen Weibchen zum ersten Mal Nachwuchs. Im Laufe ihres Lebens bringen sie bis zu vier Junge zur Welt, um die sie sich jeweils bis zu acht Jahre lang kümmern.

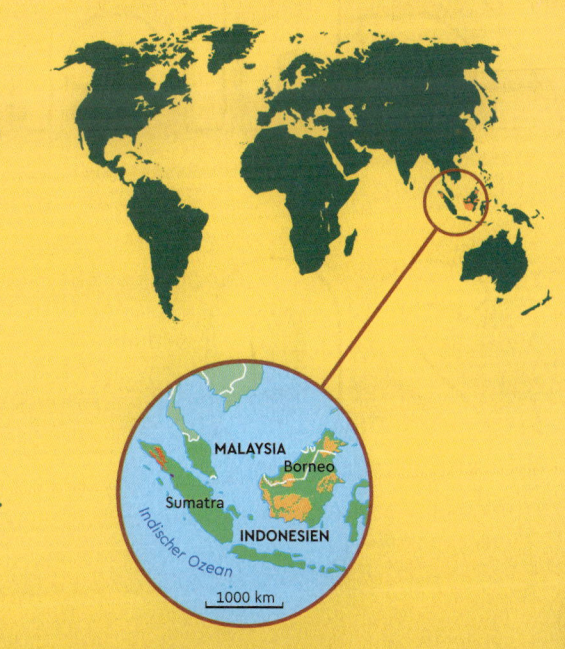

MALAYSIA
Borneo
Sumatra
Indischer Ozean
INDONESIEN
1000 km

Fang mich doch! Der dreijährige Cantik und der vierjährige Eska spielen miteinander. Sie klettern flink durch die **Baumkronen**, ganz wie echte »Waldmenschen« – so die Übersetzung des malaiischen *orang utan*

Zahlen, bitte!

20 Minuten Zeit nimmt sich ein Orang-Utan, um sich ein gemütliches Nest zu bauen. Ein Schimpanse schafft das in zwei Minuten.

5 Bis zu 5 Jahre stillt ein Orang-Utan-Weibchen sein Baby. Es ist die vielleicht innigste Mutter-Kind-Beziehung im Tierreich.

Mehr als **60 000 000** Jahre alt sind die ältesten bisher gefundenen Fossilien der ersten Primaten.

23 Gramm wiegt das Gehirn eines Totenkopfäffchens. Das des größten Menschenaffen, des Gorillas, kommt durchschnittlich auf immerhin 480, das menschliche auf 1300 Gramm.

1,3 Kilogramm wiegt ein Bonobo-Baby im Durchschnitt, wenn es zur Welt kommt – so viel wie etwa vier Ausgaben von GEOlino extra.

16 Minuten dauerte der Weltraumflug des Schimpansen Ham im Jahr 1961.

2 300 000 Quadratkilometer misst das Verbreitungsgebiet der Schimpansen – sechsmal so viel wie Deutschland. Zum Vergleich: Das der Berggorillas ist lediglich 770 Quadratkilometer groß.

55

Jahre alt können Bonobos und Orang-Utans werden. Die **Lebenserwartung** von Schimpansen und Gorillas ist vermutlich etwas geringer.

2028

ist das nächste Jahr des Affen – laut dem chinesischen **Horoskop**. Neben dem Affen gibt es darin auch Ratte, Tiger oder Ziege. 2018 ist das Jahr des Hundes.

ALLES WIRD GUT
1000

Berggorillas durchstreifen inzwischen wieder die Wälder Zentralafrikas und Ugandas, haben Forscher vor Kurzem herausgefunden. Der Grund dafür: Naturschützer kämpfen seit Jahren für die vom Aussterben bedrohten Tiere – offenbar mit Erfolg.

540

Kilogramm soll einst ein ausgestorbener **Riesen-Menschenaffe** gewogen haben – doppelt so viel wie der größte männliche Gorilla.

25

Prozent der Zeit, in der sich Bonobos auf dem **Boden** bewegen, gehen sie aufrecht.

8

Jahre dauert es, bis ein **Orang-Utan-Weibchen** wieder schwanger wird, nachdem es ein Junges bekommen hat.

2

Minuten dauert der sogenannte lange **Ruf** des Orang-Utans etwa. Er gilt als eines der ohrenbetäubendsten Geräusche der Natur!

34

Kilogramm **Pflanzenmaterial** frisst ein großes Berggorilla-Männchen pro Tag. Die Masse ist vergleichbar mit dem Gewicht eines neunjährigen Kindes.

400

Pflanzenarten stehen bei Orang-Utans auf dem **Speiseplan**.

Die Paviane sind los

Wer Tier-Fantasy mag, kommt um Erin Hunter kaum herum. Hinter diesem Namen verbergen sich die Autoren der Erfolgsreihe »Warrior Cats«. Jetzt liefern sie neue Abenteuer aus einer neuen Welt – der Savanne Afrikas. Hier ein kleiner Vorgeschmack!

»Leise, Matsch. Und rühr dich nicht!« Dorn legte seine Pfote auf das Vorderbein seines Freundes.

»Keine Sorge, Dorn«, flüsterte Matsch. »Ich werde keinen Laut machen. Wir schaffen das!«

Die beiden jungen Paviane kauerten unter dem Wipfel eines Fieberbaums, gut verborgen von herabhängenden Blättern und gelben Blüten. Sie bewegten sich so wenig wie möglich. Von diesem Beobachtungspunkt aus hatten sie einen guten Blick auf den benachbarten Baum, wo sich direkt unter der Krone ein Bussardnest befand.

Wenn wir über den Ast laufen und er uns nicht entdeckt, ist es ganz leicht, hinüberzuspringen, dachte Dorn. Und dann müssten sie nur noch dem Schnabel eines erbosten Bussards ausweichen ...

Der Vogel hatte sich seit einer Ewigkeit nicht mehr gerührt. Der rotbraune Bussard war im Vergleich zu den Adlern, die Dorn schon gesehen hatte, verhältnismäßig klein. Dorn war ziemlich sicher, dass er keinen von ihnen forttragen konnte – nicht einmal einen so kleinen Pavian wie Matsch. Aber beim Anblick des gekrümmten Schnabels und der starken Klauen wollte er lieber kein Risiko eingehen.

Und doch musste er unbedingt eins seiner Eier bekommen.

Und Matsch soll auch eins kriegen ...

Matsch zupfte mit seinen kleinen Pfoten an Dorns Fell. »Schau!«, flüsterte er. »Da drüben ist Kiesel!«

Dorn folgte dem ausgestreckten Finger und verzog sein Gesicht. Ein anderer Pavian kletterte, Pfote um Pfote, eilig am Stamm des Bussardbaums hinauf. »Dann haben wir eben einen Konkurrenten«, flüsterte er. »Aber diese Eier gehören uns!«

Natürlich hoffte jeder junge Pavian, das Gelege eines Bussards beklauen zu können. Das Ei eines fleischfressenden Vogels stehlen war die erste der Drei Hochtaten – jener Aufgaben, die ein Pavian in seinem sechsten Lebensjahr erfüllen musste, um in der Hierarchie des Trupps aufzusteigen. Dorn wollte diese Gelegenheit keinesfalls verpassen – oder einem anderen Pavian erlauben, ihm das Ei vor der Nase wegzuschnappen. Lautlos fletschte er seine Zähne beim Anblick des Eindringlings. »Kiesel hat keine Chance«, murmelte er. »Er ist zu ungeduldig.«

»Hoffentlich hast du recht.« Matsch ballte seine Pfoten und sah sehr entschlossen aus.

Dorns Eltern, die vor mehreren Blattwechseln gestorben waren, waren zeit ihres Lebens Tiefwurze geblieben. Sie waren damit zufrieden gewesen, dem untersten Rang anzugehören, und die niederen Tätigkeiten, die sie für den Trupp ausführten, hatten sie mit Stolz erfüllt. Dorn hatte sie innig geliebt, und er war froh, dass sie mit ihrem Los zufrieden gewesen waren – aber das hieß nicht, dass er es ebenfalls war.

Wenn es mir gelingt, eins von diesen Eiern zu stehlen, werde ich ein Tiefblatt. Und danach ein Mittelblatt. Und dann ... dann werde ich Dorn Hochblatt sein!

Das war Musik in seinen Ohren. Hochblätter waren die ranghöchsten Paviane. Sie leiteten den Trupp und kämpften, um ihn zu schützen. Dorn konnte sich nichts Verlockenderes und Aufregenderes vorstellen. Ich werde mein Leben nicht damit verbringen, Streu zu sammeln und hinter den anderen her zu putzen. Niemals!

Außerdem wollte er ganz offiziell mit Beere Hochblatt zusammen sein, und dafür musste er demselben Rang angehören wie sie.

Hochblatt hin oder her, hatte Matsch noch am Morgen gescherzt. Du willst bestimmt Dorn Kronblatt werden.

Dorn hatte darüber gelacht. Doch an einem Tag wie diesem erschien es ihm nicht einmal unmöglich, einmal Anführer des Trupps zu werden: Über dem Fieberbaum wölbte sich ein strahlend blauer Himmel, doch am Horizont türmten sich schwere Wolken auf. Der Regen hatte die Savanne bereits in eine grüne, fruchtbare Ebene verwandelt, und in den Flüssen stieg das Wasser. Vor ihm öffnete sich eine strahlende Zukunft als Hochblatt, ein Leben an der Seite von Beere.

Ein Knurren in seinem Bauch riss ihn aus seinen Tagträumen. Dorn verzog missmutig sein Gesicht, seine gute Laune sank umgehend. Er und Matsch beobachteten schon seit zwei Tagen das Nest des Bussards. Jedes Mal, wenn der Vogel wegflog, rutschten sie ein Stück näher heran. Sie waren beide sehr, sehr hungrig. Und vom Regen, der die Savanne so schön ergrünen und die Früchte dick und üppig wachsen ließ, war ihr Fell feucht und klamm geworden. Er hätte schwören können, dass er nach Moder roch. Dorn rutschte mürrisch hin und her.

Neben ihm murrte Matsch: »Der Bussard muss bestimmt bald wieder Futter besorgen.«

»Wann war er das letzte Mal fort?«

Matsch schaute wissend zum Himmel hinauf. »Ziemlich lange her. Er fliegt bestimmt jeden Augenblick wieder los. Wir haben Glück – wenn sein Partner noch in der Nähe wäre, wäre es viel schwieriger.«

»Aber er verlässt sein Nest nie für lange Zeit. Wahrscheinlich fliegt er nicht sehr weit.«

»Der hier frisst am liebsten Hasen und Schliefer. In der Nähe gibt es aber keine Erdhöhlen, deshalb muss er wahrscheinlich etwas weiter fliegen. Wir schaffen es, wenn wir uns beeilen.«

Wir können auch nicht viel länger warten, dachte Dorn mit einem Blick auf die Sonne. Sie schien viel schneller unterzugehen als sonst, als sei sie eine Gazelle, die vor einer Hyäne wegrennt. Die Regel für die erste Hochtat, ein Ei zu ergattern, gab ihnen nur Zeit bis zum vollen Mond – und das war heute Nacht. In den vergangenen Tagen waren mehrere Paviane ins Langbaumlager des Trupps zurückgekommen, hatten triumphierend ihre Eier gezeigt und sich gefreut, dass sie Tiefblätter geworden waren. Wenn er und Matsch es nicht vor Sonnenuntergang schafften, wären sie bei der ersten Aufgabe endgültig durchgefallen.

Er blickte seinen Freund an. Matschs Augen, die in seinem Gesicht riesig aussahen, waren geduldig auf das Nest gerichtet. Dorn zwang sich zur Ruhe. Matsch war nicht nur sein bester Freund – er war auch einer der schlauesten Paviane, die er kannte. Sein Plan, durch Abwarten und Beobachten zum Ziel zu kommen, würde irgendwann aufgehen.

Musste aufgehen!

Dorn drehte sich um und beobachtete ihren Rivalen, der den direkten Weg am Baum hinauf gewählt hatte. Er schnalzte empört, als er sah, dass Kiesel seine Kletterpartie ungeduldig fortsetzte. Er wird den Bussard verschrecken. Und wirklich spreizte der Bussard seine breiten Flügel und kreischte wütend. Er erhob sich in die Luft, schoss auf den leichtsinnigen Dieb

herab und stieß in seiner Himmelszunge, der fremdartigen Sprache der Vögel, schrille Drohungen aus.

Kiesel jaulte erschrocken auf und wuselte, den scharfen Krallen des Bussards ausweichend, wieder am Baumstamm hinab. Der Vogel ließ von seiner Verfolgung ab. Schnaubend und maulend flatterte er in sein Nest zurück und beobachtete misstrauisch die umliegenden Bäume. Dorn und Matsch rührten sich nicht, und schließlich beruhigte sich der Bussard und klappte seine gelben Augen bis auf einen

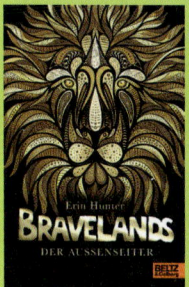 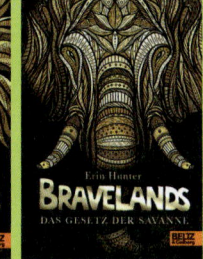

schmalen Schlitz zu. Wollte er sich wieder im Nest niederlassen?

»Das kann noch lang dauern«, stöhnte Dorn.

Er ließ die Schultern sinken, doch im selben Augenblick breitete der Bussard seine Flügel aus. Die beiden jungen Paviane sahen ihm atemlos nach, als er zügig gen Westen flog.

»Das ist unsere Chance!«, rief Dorn begeistert.

»Warte, bis er außer Sichtweite ist«, mahnte Matsch. »Womöglich findet er in der Nähe ein Stück Aas und –«

Noch bevor er ausgeredet hatte, warf sich ein anderer junger Pavian vom gegenüberliegenden Baumwipfel auf einen Ast, der sich ganz in der Nähe des Nests befand. Dorn blinzelte überrascht und erkannte den anderen an seiner ausgeprägten Stirn und seinen langen Gliedmaßen. Er stöhnte verzweifelt auf. »Das ist Nuss!«

»Oh nein«, jammerte Matsch kläglich. »Er wird uns zuvorkommen.«

Dorn hatte schon sein halbes Leben damit verbracht, seinen Freund vor Nuss zu beschützen, einem boshaften jungen Pavian, der jetzt in nächster Nähe ihrer Eier saß. Enttäuscht ballte er seine Pfoten.

»Nein, warte!« Matsch zeigte zum Himmel. »Der Bussard kommt zurück!«

Dorn grinste. Das geschah Nuss recht! Der Bussard hatte ihn offenbar erspäht und kehrte nun mit mächtigen Flügelschlägen zurück. Kreischend stürzte er sich auf Nuss und hieb ihn mit seinen Klauen. Nuss fluchte verärgert, aber es blieb ihm nichts übrig, als den Rückzug anzutreten und den Baum hinunterzuflitzen. Diesmal gab der Bussard die Verfolgung nicht auf. Er stürmte hinter Nuss her, der geduckt durch das Unterholz huschte. Jedes Mal, wenn er auftauchte, schlug der Bussard mit seinen Flügeln auf ihn ein und hieb seine grausamen Klauen in den Rücken des Pavians.

Dorn wollte sich die Vorstellung nicht länger ansehen. »Das ist unsere Chance!«

Er raste am Ast entlang und machte einen Satz auf das Nest zu. Er sah sich nach Matsch um. Dieser robbte in einigem Abstand vorsichtig weiter und sah sich dabei dauernd unruhig um. Dorn seufzte. Wenn Matsch nur nicht so mickrig wäre, dachte er. Vor allem und jedem hat er Angst, selbst vor diesem dummen Rüpel von Nuss.

»Warte da drüben, Matsch!«, rief er leise. »Ich hole die Eier.« ∎

GEOlino extra Illustration: Owen Richardson (l.o.); shutterstock

Jemand zu Hause? Neugierig linst das Schimpansenjunge Flint in Janes **Zelt**. Hier schläft, wohnt und arbeitet die Forscherin während ihrer ersten Jahre im Regenwald

DIE SCHIMPANSEN

Sie gilt als größte Schimpansen-Forscherin der Welt: **Jane Goodall**. Als junge, unerfahrene Frau reist sie vor knapp 60 Jahren in den afrikanischen Urwald. So richtig ernst nimmt sie zunächst kaum jemand – bis sie mit ihren Beobachtungen alles auf den Kopf stellt, was bis dahin über das Verhalten der Menschenaffen bekannt war

Text: *Dela Kienle*

Ein Traum – oder Wirklichkeit? Die 26-jährige Jane Goodall blickt sich staunend um. Über ihr erstreckt sich der blaue Himmel – und im Tal unter ihr der Urwald. Vögel zwitschern, Insekten surren, es duftet nach reifen Früchten. Es ist der 16. Juli 1960.

Die blonde, schlanke Engländerin ist soeben in Gombe Stream angekommen, einem Schutzgebiet im afrikanischen Tansania. Im Gepäck: ein Zelt, Blechteller, ein billiges Fernglas – und sehr viel jugendliche Zuversicht. Denn irgendwo zwischen den knorrigen Urwaldbäumen müssen sich Schimpansen verstecken. Menschenaffen, über die man damals noch fast nichts weiß. Jane will als Erste versuchen, ihr Leben in der Wildnis ausführlich zu erforschen. Über ihre erste Nacht in Gombe wird sie später in ihrer Autobiografie „Grund zur Hoffnung" schreiben:

> **„Als ich mich schließlich auf meinem Feldbett unter den funkelnden Sternen schlafen legte und über mir die Wedel der Ölpalme leise im Wind raschelten, hatte ich bereits das Gefühl, dass ich in diese neue Welt des Waldes hineingehörte, dass hier mein Platz war."**

Geduldsprobe: Monate vergehen, ehe die Schimpansen Jane so nah an sich herankommen lassen. Ihre **Beobachtungen** hält sie in einem Notizbuch fest

Bis auf sie selbst will das kaum jemand glauben. Ausgerechnet Jane, das Mädchen aus der englischen Großstadt! Geboren wird sie am 3. April 1934 in London. Schon als Kind verschlingt Jane Bücher wie „Tarzan", liest über wilde Tiere und träumt von Afrika. Mit 23 Jahren hat sie genug Geld für eine Schiffsreise zu dem fernen Kontinent gespart und bricht auf.

Dort angekommen, wird sie die Assistentin des Wissenschaftlers Louis Leakey. Eigentlich erforscht der Urmenschen. Doch er hat eine Vermutung: Womöglich könnte das Verhalten von Schimpansen einen Hinweis darauf geben, wie unsere ▶

WERKZEUG-WAHL

Bis heute fasziniert Forscher, welche Werkzeuge Schimpansen verwenden – und welche Unterschiede es zwischen den einzelnen Gruppen gibt

Dass Schimpansen geschickt mit Werkzeugen umgehen, entdeckte Jane Goodall bereits vor mehr als 50 Jahren: Sie stochern mit Stöcken in Termitenhügeln oder **Ameisenhaufen** und angeln so nach den leckeren Krabblern **1**. Doch sie tun es auf verschiedene Weisen, wie Forscher aus Großbritannien und Deutschland herausgefunden haben. Im Taï-Nationalpark im Südwesten der Elfenbeinküste schlecken die Tiere ihre Beute direkt vom Stiel. 4000 Kilometer weiter südöstlich, im tansanischen Gombe-Stream-Nationalpark, ziehen sie die Stöcke mit den Ameisen häufig erst durch die Faust und stopfen den Krabbler-Klumpen danach ins Maul. Jedes Affenvolk entwickelt also eigene Traditionen – ähnlich wie Menschen: Asiaten essen mit Stäbchen, Europäer mit Messer und Gabel. Und wie wir Menschen geben auch Affen ihre Esskultur an ihren Nachwuchs weiter. Affenkinder im Budongo-Wald in Uganda lernen etwa, Blätter zu einer Art **Schwamm** zu falten. Mit diesen saugen sie Wasser auf, um es zu trinken **2**. Ebenfalls eine verbreitete Tradition: **Nüsse** mit Steinen knacken **3**.

1

2

3

Steinzeit-Vorfahren lebten. Um das herauszufinden, will er jemanden zu den Tieren in die Wildnis schicken: Jane. Sie kann ihr Glück kaum fassen, schließlich ist sie keine Wissenschaftlerin, sondern hat nur eine Ausbildung zur Sekretärin. Doch Leakey beteuert, sie sei trotzdem perfekt für die schwierige Aufgabe.

„Er habe stets nach jemandem gesucht, der unbefangen denke, leidenschaftlich gern lerne, Tiere liebe und unglaubliche Geduld habe. Vor allem aber jemanden, der fleißig sei und über längere Zeit fern der Zivilisation leben könne."

Jane bringt all diese Eigenschaften mit. Ihre ersten Wochen im Dschungel sind hart. Sie erkrankt an der Tropenkrankheit Malaria, liegt mit hohem Fieber und Schüttelfrost im Zelt – und die Schimpansen lassen sich kaum blicken. Noch fürchten sie sich zu sehr vor dem merkwürdigen „weißen Affen" mit seinem Notizblock. Doch die Zeit drängt: Das Geld für die Schimpansen-Beobachtung reicht nur ein halbes Jahr. Jane macht sich Sorgen. Was, wenn sie nichts Bedeutendes herausfindet?

Erst nach drei Monaten ist es so weit: Das Schimpansen-Männchen „David Graubart" erlaubt der Forscherin, sich ihm zu nähern. Jane hält den Atem an. David stochert mit einem Grashalm in einem Termitennest herum. Was macht er da bloß? Der Schimpanse zieht den Halm vorsichtig heraus, lutscht ihn ab – und steckt ihn wieder in den roten Erdhügel. Als er schließlich wegläuft, geht Jane zum Termitennest.

„Ich ahmte nach, was er gemacht hatte, und als ich meinen Grashalm herauszog, hatten sich Termiten mit ihren Kiefern darangeklammert."

David hat den Grashalm benutzt, um Termiten zu angeln! Schimpansen fressen also nicht nur Pflanzen, wie bisher jedermann denkt – sondern auch Fleisch. Und Jane findet noch etwas viel Wichtigeres heraus: Wenige Tage später sieht sie, wie Schimpansen einen Zweig abknicken und dessen Blätter abzupfen. Damit verändern sie ihn bewusst. Sie erschaffen sich ein Werkzeug!

„Ich wollte meinen Augen kaum trauen. Lange herrschte das Denken vor, wir seien die einzigen Geschöpfe auf der Erde, die Werkzeuge herstellten und benutzten."

Janes Beobachtungen zeigen: Mensch und Affe sind sich ähnlicher als gedacht. Doch das wollen viele Wissenschaftler in den 1960er-Jahren nicht glauben. Sie versuchen, die Arbeit der jungen Frau ins Lächerliche zu ziehen. Schließlich ist sie so unerfahren! Und sie macht alles falsch: Gibt den Schimpansen Namen und fühlt sich in sie ein, statt sie ganz sachlich zu ▶

Bestechliche Bande: Mit Bananen gewinnt Jane das Vertrauen der Tiere. David Graubart, ein Männchen, lässt sich von der Forscherin sogar lausen

GEOlino extra Fotos: Tom McHugh/mauritius images (l. u.); Stephen Robinson/Prisma (l. m.); Cyril Ruoso/Okapia/fotofinder.com (l. u.); National Geographic/allpix Press (r.)

1965 errichtet Jane in Gombe eine **Forschungsstation**, später gründet sie ein Waisenhaus für Schimpansen. Beide Einrichtungen gibt es bis heute

STECKBRIEF:
GEMEINER SCHIMPANSE

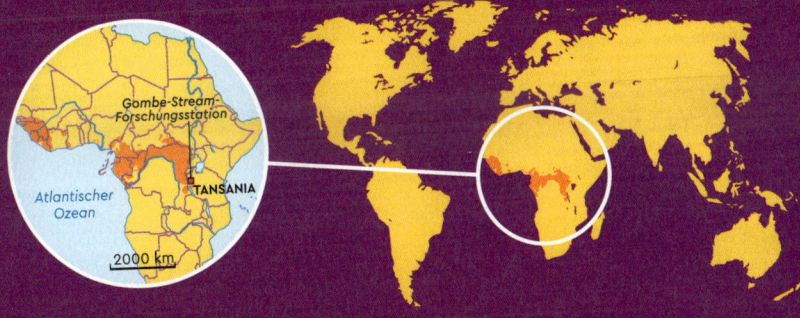

Allgemein: Schimpansen, wissenschaftlich *Pan troglodytes*, streifen durch Regenwälder, Savannen oder das Bergland im mittleren Teil Afrikas. Sie leben in größeren Gemeinschaften von 20 bis 150 Tieren, die wiederum in lockeren Kleingruppen umherziehen.

Größe und Gewicht: Männchen erreichen aufgerichtet eine Höhe von bis zu 1,70 Meter und wiegen zwischen 40 und 60 Kilogramm. Weibchen sind etwas kleiner und leichter.

Nahrung: Hauptsächlich fressen Schimpansen Früchte, Nüsse und andere Pflanzenteile. Aber ihnen schmecken auch Insekten wie Termiten, kleinere Wirbeltiere – und gelegentlich jagen und verspeisen sie sogar andere Affen.

Nachwuchs: Die Weibchen sind meist schon 14 Jahre alt, wenn sie ihr erstes Junges gebären. Anschließend säugen sie es vier Jahre lang. Ein kleiner Schimpanse bleibt bei seiner Mutter, bis er ungefähr zehn ist.

---

beobachten. Ja, diese Jane Goodall beschreibt die Tiere, als hätten sie eine eigene Persönlichkeit! Das ist damals in der Wissenschaft für die meisten undenkbar.

> **„Glücklicherweise hatte ich an keiner Universität studiert und wusste nichts davon. Und als ich es hörte, fand ich es bloß albern und beachtete es nicht weiter."**

Nichts bringt die sanfte Jane von ihren Überzeugungen ab. Das zahlt sich aus: Ihre Beobachtungen machen Jane weltberühmt. Sie landet auf Titelseiten von Zeitschriften, ein erster Film wird über sie gedreht. Und schließlich erkennt auch die Wissenschaft ihre Leistung an: Jane darf als Professorin an der Universität unterrichten. Vor allem aber fließt nun genug Geld, um die Schimpansen in Gombe dauerhaft zu beobachten. Jane baut dort eine Forschungsstation auf. Junge Wissenschaftler helfen ihr bei der Arbeit. Außerdem beginnt sie, in anderen Ländern Vorträge über Schimpansen zu halten.

1986 hört sie schließlich auf zu forschen. Aber nicht, weil ihr Schimpansen nun egal sind. Im Gegenteil! Während einer Konferenz erkennt Jane schockiert, wie stark der Lebensraum der Tiere schon zerstört ist. Aus Jane wird deshalb eine Naturschützerin, die für die Schimpansen kämpft – und für eine bessere Welt.

An 300 Tagen im Jahr ist die inzwischen 84-jährige Jane unterwegs. Überall auf der Welt hält sie **Vorträge** über den Schutz der Schimpansen

Seitdem ist Jane Goodall 300 Tage im Jahr auf Reisen. Sie sammelt Geld, spricht mit Regierungen, rüttelt Kinder und Erwachsene wach. Heute ist sie 84 Jahre alt, eine Dame mit grauem Haar. Trotzdem ist sie noch genauso entschlossen wie an ihrem ersten Tag im Urwald. Und überzeugt, dass die Erde mit ihrer prächtigen Tierwelt noch nicht verloren ist:

> **„Wenn wir uns wirklich um die Zukunft sorgen, müssen wir aufhören, es ‚den anderen' zu überlassen, all die Probleme zu lösen. Wir sind es, die die Welt von morgen retten können: du und ich."** ■

Die liebe Verwandtschaft

Wenn wir an Affen denken, fallen uns meist große Menschenaffen wie Schimpansen ein. Doch auch unter deren Verwandten gibt es tolle Typen. Wir stellen euch akrobatische *Kletterer*, Rothäute und ohrenbetäubende Schreihälse vor

Text: **Stefan Greschik**

GEOFFROY-KLAMMERAFFE
Akrobat der Äste

Verbreitung: Mittelamerika.

Lebensweise: Die tagaktiven Baumbewohner klettern im Regenwald von Ast zu Ast, meist in der obersten Kronenschicht.

Nächste Verwandte: andere Klammeraffen.

Besonderheit: der praktische Greifschwanz. Dank ihm gehören Klammeraffen zu den besten Kletterern der Affenwelt. Sie können sich damit ebenso gut an Ästen festhalten wie mit den Händen oder Füßen. Außerdem dient der Schwanz den Akrobaten als Balancierstange, wenn sie auf den Hinterbeinen über die Äste flitzen.

NASENAFFE
Frauenheld mit Riesenzinken

Verbreitung: Nasenaffen gibt es nur auf der Insel Borneo in Südostasien.

Lebensweise: Sie turnen durch Regen- und Mangrovenwälder, immer in der Nähe von Wasser. Nasenaffen sind hervorragende Schwimmer und können bis zu 20 Meter weit tauchen.

Nächste Verwandte: Languren und andere Schlank- und Stummelaffen.

Besonderheit: Eine gurkenförmige Knolle, die bis über das Kinn hinabhängt – klar, woher der Nasenaffe seinen Namen hat. Allerdings tragen nur erwachsene Männchen den Zinken. Forscher vermuten, dass weibliche Nasenaffen die Gesichts-Gurke attraktiv finden – und ihren Partner danach auswählen. Manche Indonesier nennen Nasenaffen übrigens Holländer-Affen. Sie finden, dass die Zinken den sonnenverbrannten Nasen von Europäern ähnlich sehen.

GEOlino extra Fotos: Thomas Marent/Interfoto (l., r. o.); Picture Press (r. u.)

GEHAUBTER KAPUZINER
Fürsorglicher Vater

Verbreitung: Vor allem im Amazonasbecken Südamerikas.

Lebensweise: Die etwa hauskatzengroßen Tiere streifen tagsüber in Gruppen mit bis zu 20 Tieren umher. Weil sie sehr anpassungsfähig sind, können sie in Regen-, Berg- und Savannenwäldern leben.

Nächste Verwandte: andere Kapuzineraffen.

Besonderheit: Bei vielen Affen geben die Männchen den Ton an. Bei den Gehaubten Kapuzinern herrscht hingegen fast Gleichberechtigung: Nach dem Chef, dem Alphamännchen, kommt in der Rangordnung das Alphaweibchen, dem sich alle anderen Mitglieder unterordnen. Bei der Paarung suchen sich meist die Weibchen die Partner aus. Die Jungen werden von allen zusammen aufgezogen.

MANDRILL
Schriller Vogel

Verbreitung: westliches Zentralafrika, von Kamerun bis zur Republik Kongo.

Lebensweise: Mandrills streifen tagsüber durch dichte Regenwälder. Als Allesfresser jagen sie bisweilen sogar kleine Antilopen. Auf ihren Streifzügen gehen sie meist auf allen vieren am Boden, auf Bäume klettern sie vor allem nachts, zum Schlafen.

Nächste Verwandte: Zusammen mit den Pavianen gehören sie zur Familie der Meerkatzenverwandten.

Besonderheit: Große, blau-rote Schnauze, orangefarbener Bart – bunter als ein Mandrill-Männchen treibt es kein anderer Affe. Das Blau des Gesichts entsteht übrigens durch die Beschaffenheit der Haut. Sie lenkt das auftreffende Licht so ab, dass vor allem dessen blaue Teile reflektiert werden.

ROTER UAKARI
Glatzkopf aus dem Regenwald

Verbreitung: Nordwesten Südamerikas.

Lebensweise: Auf der Suche nach Nüssen und Samen klettern sie in Gruppen von bis zu 100 Tieren durch den Regenwald. Dabei bewegen sie sich auf allen vieren hoch oben in den Bäumen fort.

Nächste Verwandte: Springaffen und andere Mitglieder der Familie der Sakiaffen.

Besonderheit: ihr knallroter Kopf. Damit sehen Uakaris aus, als könnten sie vor Wut jederzeit platzen. Doch der Eindruck täuscht: Die Rothäute gehen im Alltag sogar friedlicher miteinander um als viele andere Affen und lassen sich nicht so schnell aus der Ruhe bringen. Ihre Gesichtsfarbe ist schlicht ein Zeichen von Gesundheit – kranke Tiere sind oft blasser.

SCHWARZER BRÜLLAFFE
Sänger im Chor

Verbreitung: Südamerika, von Brasilien bis Argentinien.

Lebensweise: Gemächlich ziehen die großen, stämmigen Tiere tagsüber durch trockene Laubwälder und savannenartige Gebiete. Übrigens: Nur die Männchen tragen ein schwarzes Fell, das der Weibchen ist gelbbraun.

Nächste Verwandte: Wollaffen und andere Klammerschwanzaffen.

Besonderheit: Die Schreie der Brüllaffen lärmen mit 100 Dezibel so laut wie ein Lastwagen. Kilometerweit schallen sie durch den Wald, vor allem morgens, wenn alle Gruppenmitglieder gleichzeitig losschreien! Forscher glauben, dass das Gebrüll im Chor andere Affengruppen davon abhalten soll, in das Revier einzudringen. Das erspart den Tieren kraftraubende Kämpfe.

WEISSHANDGIBBON
Langarm mit Schwung

Verbreitung: vor allem in Südostasien.

Lebensweise: Die schwanzlosen, schlanken Affen hangeln sich tagsüber in tropischen Regenwäldern durch die Baumkronen. Sie vernaschen meist süße Früchte und leben in Paaren.

Nächste Verwandte: Andere Gibbons und Menschenaffen.

Besonderheit: ihre laaaaangen Arme. Sie sind länger als die Beine und ermöglichen eine besondere Fortbewegung: das Schwinghangeln. Jeweils an einem Arm hängend, pendeln die Affen von Ast zu Ast. Mehr als zwei Meter können sie pro Schwung zurücklegen! Übrigens: Auch Gibbons sind lautstarke Sänger, Männchen und Weibchen trällern oft im Duett.

Welcher Affentyp seid ihr? Findet es heraus – im Test!

GEOlino extra Fotos: shutterstock (l. o., r. u.); Robert Harding/Interfoto (l. u.); Juan Carlos Muñoz/mauritius images (r. o.)

TEST

Welcher Affe bist du?

*Mehr als 500 Affenarten leben auf der Erde. Willst du wissen, welcher tierische Verwandte in dir steckt? Mach den **Test** und finde es heraus*

1 Gute Nachrichten: Es gibt Burger mit Pommes zum Essen! Wie schlägst du zu?

A: Burger sind nicht meins, ich stürze mich lieber gleich auf den süßen Nachtisch. ▲

B: Die Hälfte verspeise ich gleich, den Rest packe ich mir ein und hebe ihn für später auf. So habe ich länger etwas davon. ■

C: Ich nehme Messer und Gabel, um mir nicht die Finger schmutzig zu machen. ●

2 Dein bester Freund hat Geburtstag. Womit überraschst du ihn?

A: Mit meinem breitesten Lächeln. ■

B: Ich singe ihm ein Ständchen. ▲

C: Er hat mir nichts geschenkt, also bekommt er auch nichts von mir. ●

3 Eigenlob stinkt, schon klar. Aber mal unter uns: Was magst du an dir?

A: Meine guten Ideen. ●

B: Dass ich so hübsch bin. ■

C: Dass ich so sportlich bin. ▲

5 Was unternimmst du am liebsten in deiner Freizeit?

A: Ich tobe mich beim Klettern aus. ▲

B: Ich gehe wandern. ■

C: Knobeln, rätseln und tüfteln! ●

4 Stell dir vor, jemand macht dich richtig wütend. Wie reagierst du?

A: Ich werde rot vor Zorn und haue mal richtig auf den Tisch. ■

B: Ich räche mich und spiele demjenigen, der mich zur Weißglut gebracht hat, einen Streich. ●

C: Stifte, Spielzeug, Zeitungen: Ich mache alles kaputt, was ich in die Finger kriege. ▲

6 Wenn du allein bestimmen dürftest, wohin euer nächster Familienurlaub geht: Für welches Ziel würdest du dich entscheiden?

A: Da ich es warm und bergig mag, wären Thailand oder China toll. ▲

B: Ich habe gelesen, dass die tropischen Regenwälder nirgends so schön sein sollen wie in Zentralafrika. Die muss ich sehen! ■

C: Nach Brasilien und Bolivien wollte ich schon immer mal! ●

7 Wie weit wagst du dich allein von zu Hause weg?

A: Um Eis zu kaufen, traue ich mich schon mal bis zum nächsten Supermarkt. ▲

B: So weit das Fahrrad mich trägt. Hauptsache, ich bin zum Abendessen wieder zurück. ●

C: Ich kenne sämtliche Bus- und Bahnfahrpläne in meinem Bundesland auswendig. Das sagt ja wohl alles. ■

NAH
FERN
SEHR FERN

AUFLÖSUNG

Hinter jeder deiner Antworten steht ein Symbol.
Zähle, welche Symbole du am häufigsten hast. Trage hier die Anzahl ein: ▲_____ ■_____ ●_____

AM HÄUFIGSTEN ▲:

Weißhandgibbon

Scheint, als wäre an dir ein Gibbon verloren gegangen. Sportlich wie du bist, hast du wahrscheinlich schon mit vier Jahren das höchste **Klettergerüst** der Stadt bestiegen. Ginge es nach dir, würdest du längst in einem Baumhaus im Garten wohnen, aber deine Eltern machen dir einen Strich durch die Rechnung. Diese Langweiler! Dafür lässt du ihnen beim Karaoke-Abend keine Chance, denn singen kannst du sogar noch besser als ein Gibbon.

AM HÄUFIGSTEN ●:

Gehaubter Kapuziner

Geschickt, gerecht und gesellig: Mit deinen Eigenschaften würde dich wohl jede Kapuzineraffen-Gruppe sofort adoptieren. Genau wie die Waldbewohner handelst du mit **Köpfchen**, wenn es andere mit Gewalt probieren. Außerdem nimmst du dich selbst nicht zu wichtig. Stattdessen achtest du darauf, dass es Freunden und Familie gut geht.

AM HÄUFIGSTEN ■:

Mandrill

Du bist echt ein bunter Vogel – ähh … Affe! Wie ein Mandrill ziehst du gern die Blicke auf dich, deshalb achtest du auf dein **Aussehen** und Auftreten. Während andere schwitzen, wenn sie Referate halten oder auf der Bühne stehen, bleibst du ganz cool. Doch wehe, jemand kommt dir blöd. Dann gehst du durch die Decke und zeigst allen, wer der Boss ist.

GEOlino extra Fotos: Shutterstock

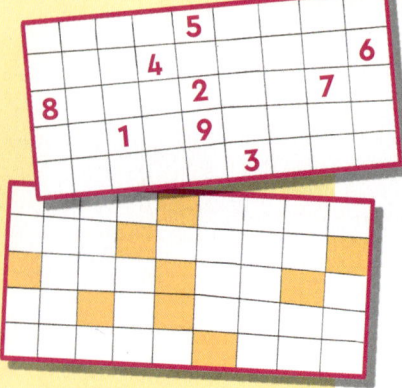

1. Zahlen merken

Der Test: *Die Zahlen von 1 bis 9 werden kurz auf einem Bildschirm oder Blatt gezeigt (links). Tragt sie anschließend in aufsteigender Reihenfolge in eine Vorlage ein, auf der nur die Stellen der Zahlen markiert sind.*

Können Affen das? Der Schimpanse Ayumu, der von japanischen Forschern im Jahr 2007 getestet wurde, schaffte die Aufgabe meist spielend – auch wenn die Zahlen nur einen Sekundenbruchteil aufleuchteten! Schimpansen haben offenbar ein grandioses Kurzzeitgedächtnis.

Wie schneiden Menschen ab? Viel schlechter. Probiert es mit euren Eltern aus!

Schimpanse

So clever können Affen sein

Seit Jahren erforschen Wissenschaftler die **Intelligenz** von Affen – mit erstaunlichen Ergebnissen. Wie hätten wir bei den Tests wohl abgeschnitten? GEOlino-Redakteur Stefan wagt den Selbstversuch und stellt euch einige der Aufgaben zum Nachknobeln vor

Text: *Stefan Greschik*   Illustration: *Thilo Klüppel*

Bist du fertig?", fragt Lucas. Ich nicke, aber ein bisschen nervös bin ich schon. Gleich werde ich einen Test machen, mit dem japanische Forscher im Jahr 2007 das Kurzzeitgedächtnis von Schimpansen überprüft haben.

Er geht so: Mein Kollege wird mir ein Blatt Papier mit Kästchen darauf zeigen. In bestimmten Kästchen sind die Zahlen von eins bis neun eingetragen. Nach zwei Sekunden wird er den Zettel wieder wegnehmen. Und ich werde versuchen, die Zahlen an den gleichen Stellen auf einem zweiten Blatt einzutragen. Aus dem Gedächtnis. Der Versuchsaffe in Japan hat das an einem Bildschirm perfekt gemacht – und sich alle Zahlen richtig gemerkt. Ich stehe also ziemlich unter Druck.

Los geht`s! Lucas schiebt mir das Blatt mit den Zahlen hin …

… und meine Augen beginnen, hektisch nach den Ziffern zu suchen: Da ist die Eins, die Zwei, die … – und schon ist das Blatt wieder weg! Frustriert schreibe ich die Zahlen nieder und fühle mich schon ein bisschen doof. Ich habe zwei zu neun gegen einen Schimpansen verloren! ▶

2. Die unerreichbare Erdnuss

Der Test: *Eine Erdnuss liegt in einem schmalen, stehenden Rohr, das sich nicht bewegen lässt. Wie holt ihr sie heraus, wenn es im Raum nichts anders gibt als einen Wasserhahn?*

Können Affen das? Ja, vor allem Orang-Utans: Sie nehmen einen Schluck Wasser aus dem Hahn, spucken ihn in die Röhre – und schon schwimmt der Leckerbissen ein Stück nach oben. Nach ein paar weiteren Spuckern können sie die Nuss greifen.

Wie schneiden Menschen ab? Die Leipziger Affenforscher, die sich den Test ausgedacht haben, stellten die Aufgabe auch Kindern. Für fast alle Vierjährigen war er zu schwer. Sechsjährige lösten ihn manchmal und Achtjährige in gut der Hälfte der Fälle – oft aber erst nach Minuten.

GEOlino extra Fotos: picture alliance/dpa (l.o.); Thilo Klüppel (6)

„Mach dir nichts draus", tröstet Lucas. „Gegen das Kurzzeitgedächtnis von Schimpansen hat kaum ein Mensch eine Chance. Das haben die Forscher mit Studenten getestet."

War das eine Ausnahme? Oder sind Menschenaffen wie Schimpansen auch auf anderen Gebieten Genies? In den vergangenen Jahrzehnten haben Forscher die Fähigkeiten unserer Verwandten immer wieder untersucht. An der Georgia State University in den USA etwa hat eine Psychologin dem Bonobo Kanzi Englisch beigebracht. Mit der Zeit soll Kanzi 3000 Wörter verstanden haben. 500 konnte er angeblich selbst benutzen, indem er die Symbole dafür auf einem Bildschirm oder einer Tafel antippte (sprechen wie Menschen können Affen nicht). Das ist mehr, als je bei einer anderen Tierart nachgewiesen wurde.

„Auch bei technischen Aufgaben schneiden Menschenaffen oft gut ab", sagt Daniel Hanus. Der Forscher des Max-Planck-Instituts für evolutionäre Anthropologie in Leipzig hat Affen jahrelang knifflige Aufgaben gestellt. Bei einem Test mussten die Tiere eine Erdnuss aus einer schmalen Röhre herausbekommen. Als Hilfsmittel hatten sie nur einen Wasserspender (siehe Versuch 2). Die Affen schafften das leicht – viele achtjährige Kinder nicht.

Offenbar sind die Tiere in der Lage, auch kompliziertere logische Probleme zu lösen. Sie können sogar mit Wahrscheinlichkeiten umgehen. Leipziger Forscher setzten sie vor zwei Gefäße, die einmal mehr fades und einmal mehr leckeres Essen enthielten – und die Affen wählten immer das Gefäß, in dem mehr Leckerbissen zu sehen waren und sie bessere Chancen darauf hatten (siehe Versuch 5). ▶

weicher Stock

harter Stock

3. Termiten angeln

Der Test: In einem Bau mit harter Wand krabbeln leckere Termiten. Wie lassen sie sich am besten mit Stöcken herausfischen?

Können Affen das? Und wie! Forscher haben Schimpansen über Jahre hinweg in der Republik Kongo und in Tansania beobachtet und dabei festgestellt, dass sie eine ganze Reihe von Angeltricks beherrschen. Oft verwendeten die Tiere mehrere Werkzeuge hintereinander: Manche bohrten erst mit einem harten Stock ein Loch in den Termitenhügel und steckten danach einen dünnen Zweig hinein, an dem die Insekten hängen blieben. Besonders schlaue Jäger kauten auf einem weichen Stock herum, bis er wie ein Pinsel aufgefasert war. Mit dieser Spezialangel, so zeigen Versuche, bleiben rund 18-mal mehr Termiten hängen als an einem normalen Stöckchen!

Wie schneiden Menschen ab? Das wurde, soweit wir wissen, noch nicht untersucht. Aber dass alle auf den Pinseltrick kommen, darf man schon bezweifeln.

4. Geteilte Freude

Der Test: *Ihr sitzt zu zweit vor einem Automaten, der zufällig Leckerbissen ausspuckt. Einer bekommt drei Nüsse, der andere eine. Was macht ihr?*

Was machen Affen? Mit solchen Tests prüfen Forscher, ob Affen fair sind und die Nüsse teilen, sodass jeder gleich viele bekommt. Tun sie aber nicht. Im Normalfall verspeist jeder Affe einfach seine Nüsse! Für viele Forscher ist deshalb klar: Affen kennen keine Fairness! Andere bestreiten das: Sie verweisen auf Tests, bei denen Kapuzineräffchen sauer wurden, als Forscher ihnen von zwei Happen den schlechteren gaben und einem anderen den besseren. Fühlten sich die Affen also doch unfair behandelt? Oder ärgerte sie nur, dass der Forscher unfreundlich war? So richtig klar ist das noch nicht.

Sind Menschen besser? Eindeutig ja! Tests zeigen: Mit Freunden zu teilen ist für Menschenkinder überall auf der Welt normal.

5. Die Qual der Wahl

Der Test: *Ihr steht vor zwei Automaten (siehe Bild) und dürft aus einem eine Portion Snacks herausholen. Ihr mögt Nüsse lieber als Möhrenscheiben. Welchen Apparat nehmt ihr?*

Können Affen das? Einen ähnlichen Test haben Forscher mit Schimpansen in Uganda gemacht – und die wählten zuverlässig das Gefäß, in dem mehr Nüsse als Karotten waren. Die Tiere verstanden offenbar, dass die Wahrscheinlichkeit dort größer ist, ihr Lieblingsessen zu bekommen.

Wie schneiden Menschen ab? Im Wahrscheinlichkeiten-Abschätzen sind Menschen richtig gut, der Test ist deshalb für Schulkinder kein Problem. Forscher haben 2017 sogar gezeigt, dass bereits sechs Monate alte Babys wahrscheinliche und unwahrscheinliche Ereignisse auseinanderhalten können: Als sie in einem Film sahen, wie aus einem Behälter mit vielen blauen und wenig gelben Bällen hauptsächlich gelbe herausfielen, verfolgten die Babys das mit besonderer Aufmerksamkeit.

In den meisten Tests schneiden Schimpansen übrigens am besten ab. Sie sind offenbar die Schlaumeier unter den Affen – außer bei Geduldsaufgaben. Da verlieren die verspielten Primaten schnell die Lust, wenn etwas nicht gleich gelingt. Die ruhigeren Orang-Utans hingegen knobeln die Lösung beharrlich aus.

Gibt es auch Gebiete, in denen Affen richtig schlecht abschneiden? „Sie sind nicht so kooperativ wie Menschen", sagt Hanus. Das heißt: Schimpansen, Orang-Utans oder Gorillas arbeiten schlechter zusammen als wir, und sie sind weniger an ihren Artgenossen interessiert. Fairness etwa scheint ihnen nicht wichtig zu sein. Während Menschenkinder gern ihr Essen mit Freunden teilen, wenn die weniger haben, verputzen Schimpansen einfach ihre Nüsse allein. Was andere haben, ist ihnen meist egal.

Das gleiche Desinteresse zeigen sie, wenn es darum geht, Erfahrungen zu teilen: Schon einjährige Menschenkinder zeigen ihren Eltern mit dem Finger, wenn sie etwas Spannendes sehen: „Schaut mal, ein Hund!" Affenkinder machen das nicht. Wobei ihre Eltern auch nicht besser sind: Sie zeigen ihrem Nachwuchs wohl nicht bewusst, wie Dinge funktionieren. Ob sich die Jungen überhaupt immer dafür interessieren, ist allerdings auch nicht sicher: „Affen sind viel schlechter im Nachäffen als Menschen", sagt Hanus. Wie man eine Nuss knackt, lernen die kleinen Affen sehr oft auch, indem sie einfach mit den Werkzeugen der Erwachsenen herumprobieren.

Auch wenn Affen also auf manchen Gebieten erstaunlich pfiffig sind, lernen sie doch weniger von anderen als Menschen. Ich fühle mich schon ein bisschen besser. ▪

Kluge Konkurrenz

Auch Vögel und Kraken können Knobelaufgaben lösen und verblüffen immer wieder mit ihrer Schlauheit

Leckerbissen im Eimer

Der Test: *In einem engen Rohr liegt ein Stück Fleisch in einem Gefäß mit Henkel. Ihr habt einen geraden Draht. Was macht ihr?*

Wer schafft das? Die Krähe Betty! Sie ist durch diesen Test berühmt geworden. Als ihr Forscher aus dem englischen Oxford im Jahr 2002 diese Aufgabe stellten, klemmte sie den Draht mit ihren Füßen fest, bog ein Ende mit dem Schnabel zu einem Haken, steckte ihn in das Rohr und angelte damit das Gefäß heraus. Sie war also nicht nur in der Lage, ein Werkzeug zu nutzen, sondern konnte es auch noch selbst herstellen! Inzwischen haben andere Krähen und auch Kakadus das Kunststück wiederholt – und in zahlreichen weiteren Tests ihre Intelligenz bewiesen.

Und sonst? Verblüffen auch Kraken mit Kunststücken. Einzelne Tiere können Dosen mit Drehverschluss öffnen. Viele Kleinkinder schaffen das nicht. Kraken gelten auch als Ausbruchsspezialisten und finden immer wieder Wege, um aus Aquarien zu entwischen.

Gleich Magazin aussuchen und Prämie sichern!

Für neugierige Erstleser.

GEOmini ist das Mitmachmagazin für Kinder ab 5 Jahren, die ihre ersten Schritte als Leser und Entdecker machen.

13x nur 46,80 €

Für wissbegierige Entdecker.

Mit GEOlino lernen Jungen und Mädchen ab 9 Jahren mit jeder Ausgabe die Welt ein bisschen besser kennen.

13x nur 54,60 €

Prämie zur Wahl!

 1.   **2.**   **3.**   **4.** **5.**

WIW Junior „Weltatlas für Kinder"
· Mit kniffligen Aufgaben und Rätseln
· Altersempfehlung: ab 5 Jahren
· Ohne Zuzahlung

Walkie-Talkie-Set „Easy Call"
· Inklusive Batterien
· Reichweite bis zu 80 m
· Zuzahlung 1,– €

moses-Buch „365 Experimente"
· Unterhaltsames Sach- und Machbuch
· Altersempfehlung: ab 8 Jahren
· Ohne Zuzahlung

Sammelschuber
· Für bis zu 13 Ausgaben, wahlweise GEOmini (4.) oder GEOlino (5.)
· Zuzahlung 1,– €

PATIENTEN MIT PELZ

Einsatz für die Gorilla Doctors

Sie nähen Wunden, geben Spritzen, gipsen Beine ein. Doch ihre Patienten sind keine Menschen – sondern **Berggorillas**. Die Ärzte der Organisation Gorilla Doctors retten in den Wäldern Ostafrikas Tier für Tier. Und helfen so, die Art vor dem Aussterben zu bewahren

Text: *Simone Müller*

Im Osten Afrikas, nahe dem Mutanda-See, liegen die **Virunga-Vulkane.** Die nebelverhangenen Wälder an ihren Flanken sind das Zuhause der Berggorillas

Ober-Arzt: Mike Cranfield ist der Leiter der Gorilla Doctors. 15 **Tierärzte** arbeiten für die Organisation, verteilt auf vier Standorte. Von dort brechen sie zu den Einsätzen in die Gorillagebiete auf, etwa zu **Mayani**. Die Kleine hat sich in einer Schlinge verfangen, die **Wilderer** ausgelegt hatten. Bei der Behandlung tragen die Tierärzte stets einen **Mundschutz**: Ein einziges Niesen kann bei Gorillas eine heftige Lungenentzündung auslösen

E in Spätsommertag im Virunga-Nationalpark, Demokratische Republik Kongo. Mayani ist in die Falle getappt. Immer fester zieht sich die Schlinge um ihr linkes Handgelenk. Die anderen Berggorillas aus ihrer Gruppe versuchen, die Kleine zu befreien, ohne Erfolg. Die abgequetschte Hand schwillt immer weiter an. Mayani schreit vor Schmerz, aus Angst und Verzweiflung. Was sie nicht weiß: Hilfe ist unterwegs – die Gorilla Doctors.

Insgesamt 25 Mitarbeiter zählt die Tierschutz-Organisation, deren Hauptquartier in Ruhengeri in Ruanda liegt. Mehr als die Hälfte davon sind Tierärzte. Sie ziehen durch die Bergwälder im Osten Afrikas, um kranken und verletzten Gorillas zu helfen.

Jedes Tier, das sie dabei retten, ist ein riesiger Erfolg.

GIGANTEN IN GEFAHR

Denn Berggorillas gelten als extrem bedroht: Nur noch zwei Populationen leben in Afrika, eine in den Nationalparks rund um die Virunga-Vulkane in der Demokratischen Republik Kongo und in Ruanda. Die zweite streift durch den Bwindi-Wald in Uganda.

In den vergangenen Jahrzehnten ist der Lebensraum der Gorillas stark geschrumpft: Mit 770 Quadratkilometern ist er nur noch etwa so groß wie Hamburg. Viele Menschen in der Gegend sind sehr arm. Um Geld zu verdienen, roden sie die Bergwälder und stellen aus den Bäumen Holzkohle her. Zudem

toben in der Demokratischen Republik Kongo immer wieder Bürgerkriege, die Tiere müssen vor Kämpfen fliehen. Und dann sind da noch die Wilderer. Sie legen Schlingen aus, um Buschböcke zu fangen oder Ducker, kleine Antilopen. Deren Fleisch lässt sich gewinnbringend verkaufen. „Doch immer wieder verheddern sich vor allem junge Gorillas in den Schlingen. Sie sind einfach sehr neugierig", erklärt Mike Cranfield, der Leiter der Gorilla Doctors.

Täglich brechen Helfer in die Nationalparks auf, um dort nach dem Rechten zu sehen. „Wir geben ihnen eine Checkliste mit", erklärt Mike Cranfield. „Sobald sie auf eine Gorillagruppe stoßen, beobachten sie jedes einzelne Mitglied genau." Ist es aktiv? Wie sieht sein Fell ▶

Träger helfen den Gorilla Doctors, die **Ausrüstung** in den Regenwald zu schleppen. Sobald sie den Berggorilla gefunden haben, den sie behandeln müssen, bereiten die Tierärzte den Eingriff vor: Sie füllen ein Narkosemittel in einen **Pfeil**. Mit einem Betäubungsgewehr wird dieser anschließend verschossen. Auch **Medikamente** wie Antibiotika verabreichen die Ärzte den Gorillas oft auf diese Weise

aus? Atmet es normal? Wenn es ernsthafte Probleme gibt, werden die Gorilla Doctors dazugerufen.

Seit Anfang des Jahres rückten die Tierärzte bereits zu mehr als 14 Notfällen in den Wald aus, um Tiere zu behandeln. Am häufigsten sind schwere Atemwegserkrankungen, wenn etwa heftiger Husten die Gorillas durchschüttelt, sie schwach sind und kaum noch fressen. Oder eben Fallen, in denen sich die Tiere verheddern.

AUFBRUCH IM MORGENGRAUEN

„Gerade dann muss es schnell gehen", sagt Mike Cranfield. „Sonst schneidet die Schlinge immer tiefer in die Haut oder schnürt den ganzen Arm ab."

Schon im Morgengrauen sind die Gorilla Doctors deshalb von ihrer Station nahe dem Virunga-Nationalpark zu der kleinen Mayani aufgebrochen, zusammen mit den Helfern. Mit Macheten schlagen sie einen Weg durchs Dickicht. Regentropfen platschen auf ihre Kapuzen. „Oft ist alles sehr matschig, das Gelände steil", erzählt Mike Cranfield. „Man muss jederzeit damit rechnen, auszurutschen und zu stürzen."

Sechs, sieben Stunden marschiert das Team durch den Wald, dann stößt es auf Mayani und ihre Gruppe. Die Kleine klammert sich am Rücken eines anderen Gorillas fest. Noch immer schneidet die Schlinge in ihr Handgelenk. Um sie entfernen zu können, müssen die Gorilla Doctors May-

ani betäuben. Ein kurzes Zischen ist zu hören, als der Pfeil mit dem Betäubungsmittel aus dem Gewehr saust. Mayani zuckt kurz, als er sie trifft. Wenig später ist sie eingeschlafen. Dr. Eddy und Dr. Martin, zwei der Tierärzte, wollen sich die Hand der Kleinen genauer anschauen.

EXTREME BEDINGUNGEN

Doch plötzlich werden drei erwachsene Männchen, sogenannte Silberrücken, unruhig. Der Anblick des scheinbar leblosen Babys verunsichert sie. Obwohl fast alle Gorillagruppen an Menschen gewöhnt sind, kommt es immer wieder vor, dass die Männchen aggressiv werden – wenn sie glauben, dass eines ihrer ▶

Gut gerüstet: Sogar ein **Röntgengerät** haben die Gorilla Doctors bisweilen dabei. Die Bilder zeigen: Dieses Weibchen hat sich beide Beine gebrochen. Die Ärzte stellen eines davon später mit einer Schiene ruhig

STECKBRIEF:
BERGGORILLA

Allgemein: Kaum eine andere Menschenaffenart ist so sehr vom Aussterben bedroht wie die Berggorillas, wissenschaftlich *Gorilla beringei beringei*. Rund 1000 Tiere leben noch in den Regenwäldern Ostafrikas – auf einer Höhe von bis zu 4300 Metern.

Größe und Gewicht: Ein ausgewachsenes Männchen ist mit 1,75 Meter etwa so groß wie ein erwachsener Mann, wiegt allerdings bis zu 200 Kilogramm und ist extrem kräftig. Die Weibchen sind kleiner und leichter.

Nahrung: Berggorillas verputzen bis zu 34 Kilogramm Blätter, Knospen, Triebe, Baumrinde, Wurzeln und Früchte am Tag.

Nachwuchs: Nach rund 250 Tagen Tragzeit bringen die Weibchen in der Regel ein Junges zur Welt. Die Kleinen werden bis zu vier Jahre lang gesäugt und verlassen ihre Geburtsgruppe erst, wenn sie erwachsen sind.

DEMOKRATISCHE REPUBLIK KONGO
UGANDA
RUANDA
Ruhengeri
30 km

Mahlzeit! Berggorillas verputzen hauptsächlich **Grünzeug**. Weil es nur wenige Nährstoffe enthält, müssen sie besonders viel davon fressen. Mindestens die Hälfte des Tages verbringen sie mit der Futtersuche

DIE GORILLAFAMILIE

*Gorillas sind die größten Affen der Welt – neben dem Menschen. Sie lassen sich in zwei **Arten** mit jeweils zwei Unterarten einteilen*

Westlicher Gorilla   **Östlicher Gorilla**

Westlicher Flachlandgorilla

Seltener Anblick: Westliche Flachlandgorillas gelten als besonders scheu. Sie leben im Tiefland Westafrikas und sind etwas zierlicher als ihre Verwandten im Osten. Zudem ist ihr **Fell** kurz, borstig und eher bräunlich.

Cross-River-Gorilla

Cross-River-Gorillas haben schmalere Zähne und einen kürzeren **Schädel** als Westliche Flachlandgorillas. Sie sind im Grenzgebiet von Nigeria und Kamerun zu Hause – rund 200 Kilometer entfernt von ihren nächsten Verwandten.

Östlicher Flachlandgorilla

Überragend: Sie sind die größte aller Gorilla-Arten. Ihr Fell ist – bis auf den oft bräunlichen Kopf – schwarz. Östliche Flachlandgorillas streifen nur noch durch die bewaldeten **Täler** im Osten der Demokratischen Republik Kongo.

Berggorilla

Sie bewohnen **Gebirgswälder** im östlichen Afrika zwischen 2200 und 4300 Meter Höhe. Weil es dort meist kühl ist, schützt sie ein langes, zottiges Fell. Wie alle Gorillas gelten sie als friedlich, sanftmütig und sozial.

Rund 45 Berggorilla-Gruppen gibt es noch. Sie bestehen meist aus einem Männchen, dem sogenannten **Silberrücken**, mehreren Weibchen und dem gemeinsamen Nachwuchs

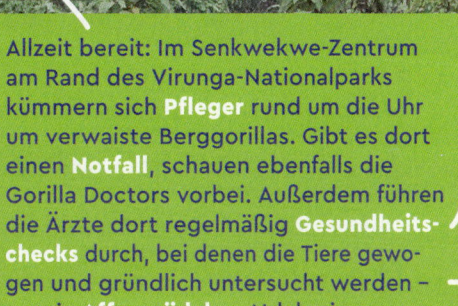

Allzeit bereit: Im Senkwekwe-Zentrum am Rand des Virunga-Nationalparks kümmern sich **Pfleger** rund um die Uhr um verwaiste Berggorillas. Gibt es dort einen **Notfall**, schauen ebenfalls die Gorilla Doctors vorbei. Außerdem führen die Ärzte dort regelmäßig **Gesundheits-checks** durch, bei denen die Tiere gewogen und gründlich untersucht werden – so wie **Affenmädchen** Ndakasi.

Mitglieder in Gefahr ist. Normalerweise sorgen dann die Helfer dafür, dass die Gorilla Doctors in Ruhe weiterarbeiten können: Sie stellen sich im Kreis um die Ärzte auf und klopfen mit Bambusstöcken auf den Boden, um die drohenden Gorillas zu verscheuchen.

Diesmal bekommen sie jedoch unerwartet Hilfe: Bukima, als dominanter Silberrücken der Chef der Gruppe, stellt sich zwischen die Gorilla Doctors und die aggressiven Artgenossen. Mit Grunzlauten versucht er, sie zu beruhigen. Bukima scheint zu spüren, dass die Männer Mayani helfen wollen. So etwas haben die Ärzte noch nie erlebt!

„Solche Momente berühren uns alle!", erzählt Mike Cranfield. „Die Tiere wachsen uns ans Herz."

DIE ARBEIT ZAHLT SICH AUS

Ein Fall ist ihm besonders in Erinnerung geblieben: der von Umoja, einem Weibchen. Als Baby geriet Umoja in einen Kampf zwischen zwei Männchen. Am Bauch hatte sie eine schreckliche Wunde, ihre Chancen standen schlecht. „Wir haben sie trotzdem operiert, mitten im Wald", erinnert sich Mike Cranfield. „Und Umoja überlebte!" Acht Jahre später entdeckten die Gorilla Doctors Umoja bei einem Kontrollgang – mit einem Baby. Sie war selbst Mutter geworden. „Ich war unglaublich froh, das zu sehen!", sagt Mike Cranfield.

Umojas Fall zeigt: Der enorme Einsatz der Gorilla Doctors lohnt sich. Die Zahl der Berggorillas wächst – als einzige unter den Menschenaffen. Gut 1000 Tiere haben Forscher bis 2016 gezählt, rund 100 mehr als drei Jahre zuvor! „Ein erstaunliches Ergebnis", findet Mike Cranfield. Und eine Studie hat vor Kurzem ergeben: Der Zuwachs wäre vermutlich nur halb so groß, wenn die Gorilla Doctors nicht Tier für Tier retten würden.

Auch Baby Mayani ist dank ihrer Hilfe glimpflich davongekommen, die Schlinge hat ihre Hand nicht weiter verletzt. Als Mayani langsam aus der Narkose aufwacht, ziehen sich die Tierärzte zurück. Kurz darauf kommt die Mutter der Kleinen, nimmt sie in den Arm – und verschwindet mit ihr im Unterholz. ■

UM DEN FINGER GEWICKELT

Schon mal von der Affenfaust gehört? Nein, wir meinen nicht die geballte Hand eines Schimpansen – sondern einen **Knoten**, der fast so aussieht. Eigentlich nutzen ihn Kletterer oder Seefahrer. Er macht sich aber auch gut als schicker Schlüsselanhänger

IHR BRAUCHT:

Paracord-Schnur • Schlüsselring • Schere • Feuerzeug • Erwachsener zum Helfen

1 Schneidet euch von der Schnur ein etwa 1 m langes Stück ab. Bittet einen Erwachsenen, die Enden kurz mit der **Feuerzeug-Flamme** zu verschmelzen. So ribbeln die einzelnen Fäden der Schnur nicht auf.

2 Macht einen einfachen **Knoten** und schiebt ihn bis an das eine Ende der Schnur.

3
Legt den Knoten zwischen Mittel- und Zeigefinger der linken Hand, sodass das lange Ende der Schnur zu euch zeigt. Wickelt es nun nach hinten um Zeige- und **Mittelfinger**. Wichtig: Zieht die Schnur dabei nicht zu straff und lasst etwas Platz zwischen den Fingern!

4
Wiederholt das Ganze noch zweimal. Nun sollten drei **Stränge** ordentlich nebeneinanderliegen. Achtet darauf, dass sie sich nicht überkreuzen.

5
Schiebt nun – wie auf dem Foto – das **Ende** von hinten nach vorne zwischen den Fingern und links von den drei Anfangssträngen durch.

6
Wiederholt diese **Wicklung** zweimal. Achtet wieder darauf, dass die Stränge sauber aufeinanderliegen und sich nicht überkreuzen.

7
Schiebt die aufgewickelte **Schnur** vorsichtig von den Fingern und dreht sie auf die Seite, so wie auf dem Foto.

8
Steckt das Ende durch das obere Loch von vorn nach hinten durch. Dann fädelt ihr es durch das untere **Loch** zurück – von hinten nach vorn. Wiederholt das Ganze, bis ihr vorn und hinten jeweils drei Stränge habt.

9
Zieht nun eure Affenfaust fest. Dazu sucht ihr zunächst den **Anfangsknoten** im Inneren. Zurrt von dort aus einen Strang nach dem anderen fest. Sollte die Affenfaust noch immer zu locker sein, wiederholt ihr das Ganze.

10
Fädelt den **Schlüsselring** auf die Schnur und knotet eine Schlaufe in deren Ende. Fertig ist euer Affenfaust-Anhänger!

Rotgesichtsmakaken

ENTSPANNTE TYPEN

Die Rotgesichtsmakaken des Höllentals haben die Ruhe weg. Kein Wunder, schließlich nehmen sie zur Entspannung öfter mal ein heißes **Bad**. So lässt sich der eisige Winter in Japan besser überstehen

Text: **Stefan Greschik**   Fotos: **Jasper Doest**

Morgens im Winter ist das Höllental im Yaen-Koen-Park ein zauberhafter Ort: Zu beiden Seiten erheben sich verschneite Berge – wie weiche, von Riesen hingeworfene Kissen. Schneeflocken schweben vom Himmel herab und vermischen sich über dem Boden mit Dampfschwaden, die aufsteigen wie Gespenster.

AB INS WASSER

Plötzlich zeichnen sich in dem Dunst braune Fellbündel mit roten Gesichtern ab: Es sind Rotgesichtsmakaken, bekannter unter dem Namen Schneeaffen. Mühsam kämpfen sie sich durch den Schnee, der sich in diesem Tal auf der japanischen Insel Honshu oft meterhoch türmt. Die Tiere versinken bei jedem Schritt, besonders die Mütter, die ihre Babys auf dem Rücken schleppen.

Doch bald erreichen sie ihr Ziel: Vor ihnen erscheint ein Becken, gefüllt mit dampfendem Wasser – eine heiße Quelle! Minuten später sitzen 20 Affen im bis zu 43 Grad Celsius warmen Becken und zupfen sich die Läuse aus dem Fell, tauchen zum Boden oder springen mit einem lauten Platscher von au-

ßen hinein. Oder sitzen einfach da und genießen die Wärme.

KÄLTE? KEIN PROBLEM!

Rotgesichtsmakaken gelten unter den Affen als ziemlich schräge Typen: Mit ihrem wuscheligen, dichten Fell vertragen sie kältere Temperaturen als die meisten anderen Arten. Kein anderer Affe auf der Welt lebt weiter nördlich, vom Menschen einmal abgesehen. Zudem sind die Rotgesichter extrem verspielt, im Winter rollen sie sogar Schneebälle. Noch dazu erweisen sie sich als außerordentlich ▸

Im Winter wandern die Makaken oft aus den verschneiten **Bergen** zum Baden ins Tal hinab. Erst wenn es im Frühling wärmer wird, suchen sich die Tiere einen anderen Zeitvertreib

Junge Affen spielen in den Becken wie Menschenkinder. Manche tauchen, andere springen mit einem **Platscher** hinein oder schnipsen mit dem Finger Luftblasen ins Wasser

ROTGESICHTSMAKAK

Allgemein: Rotgesichtsmakaken, wissenschaftlich *Macaca fuscata*, sind auch als Schneeaffen bekannt. Sie sind nur in Japan zu Hause und springen fast überall dort herum, wo es Wälder gibt.

Größe und Gewicht: Männliche Tiere messen im Schnitt 57 Zentimeter und wiegen rund elf Kilogramm. Weibchen sind etwas kleiner und leichter. Beide haben einen acht bis neun Zentimeter langen Stummelschwanz.

Nahrung: Schneeaffen mögen am liebsten Früchte. Als Allesfresser futtern sie aber auch Nüsse, Blätter, Samen, Pilze und Insekten, manchmal sogar Baumrinde, Fische und Erde.

Nachwuchs: Nach einer Tragezeit von etwa 170 Tagen bringen die Weibchen meist ein einzelnes Jungtier zur Welt, das rund ein Jahr lang gesäugt wird. Im ersten Monat klammert es sich bei Wanderungen an den Bauch der Mutter, später reitet es auf ihrem Rücken.

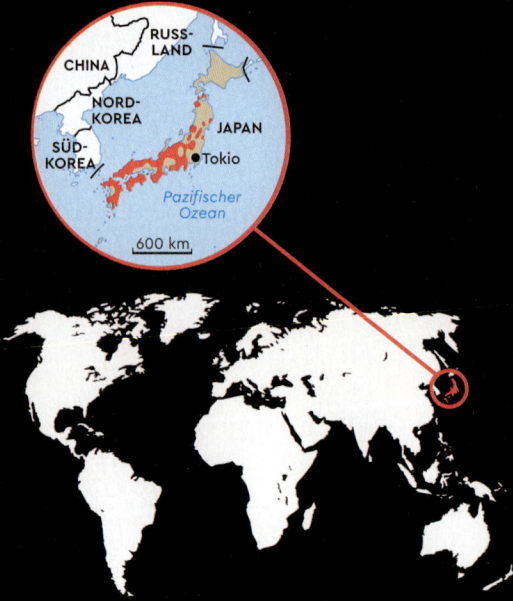

wissbegierig: Kommt einer von ihnen auf etwas Neues, übernehmen es oft auch andere. Forscher beobachteten etwa, dass ein Schneeaffe auf die Idee kam, eine Süßkartoffel vor dem Essen zu waschen. Und später taten es fast alle in der Gruppe. Ebenso lernten die Tiere, ihr Essen zu salzen, indem sie es in Meerwasser tauchen.

BAD IN DER MENGE

Auf die gleiche Weise kam die Gruppe im Höllental auch aufs Baden. Im Jahr 1963 wurde der erste Affe dort in einem Onsen beobachtet. So nennen Japaner die kleinen Bäder, die aus heißen Quellen gespeist werden. Menschen suchen darin seit Jahrhunderten Entspannung. Doch nun leisteten immer mehr Makaken den Badegästen Gesellschaft. Weil denen die Tiere nicht reinlich genug waren, legte ihnen die Verwaltung des Parks bald einen eigenen Pool an.

Seither baden die Affen in der kalten Jahreszeit ständig und sind damit berühmt geworden. Oft ist ihr Becken von Dutzenden Touristen aus aller Welt umringt, die Fotos der Wasserratten schießen. Denen macht die Aufregung anscheinend überhaupt nichts aus.

Vor Kurzem haben Forscher herausgefunden, dass das Baden noch einen weiteren Vorteil hat: Die Tiere wärmen sich im Wasser nicht nur auf, sie entspannen sich dann auch. Weibchen, die eine wichtige Stellung in der Gruppe hatten und länger baden durften, waren danach ruhiger als die anderen Tiere der Gruppe. ∎

Stars im Dampfbad: Oft ist der Affenpool von **Touristen** belagert, die auf ein lustiges Foto hoffen. Die Tiere beachten die aufdringlichen Fans jedoch kaum

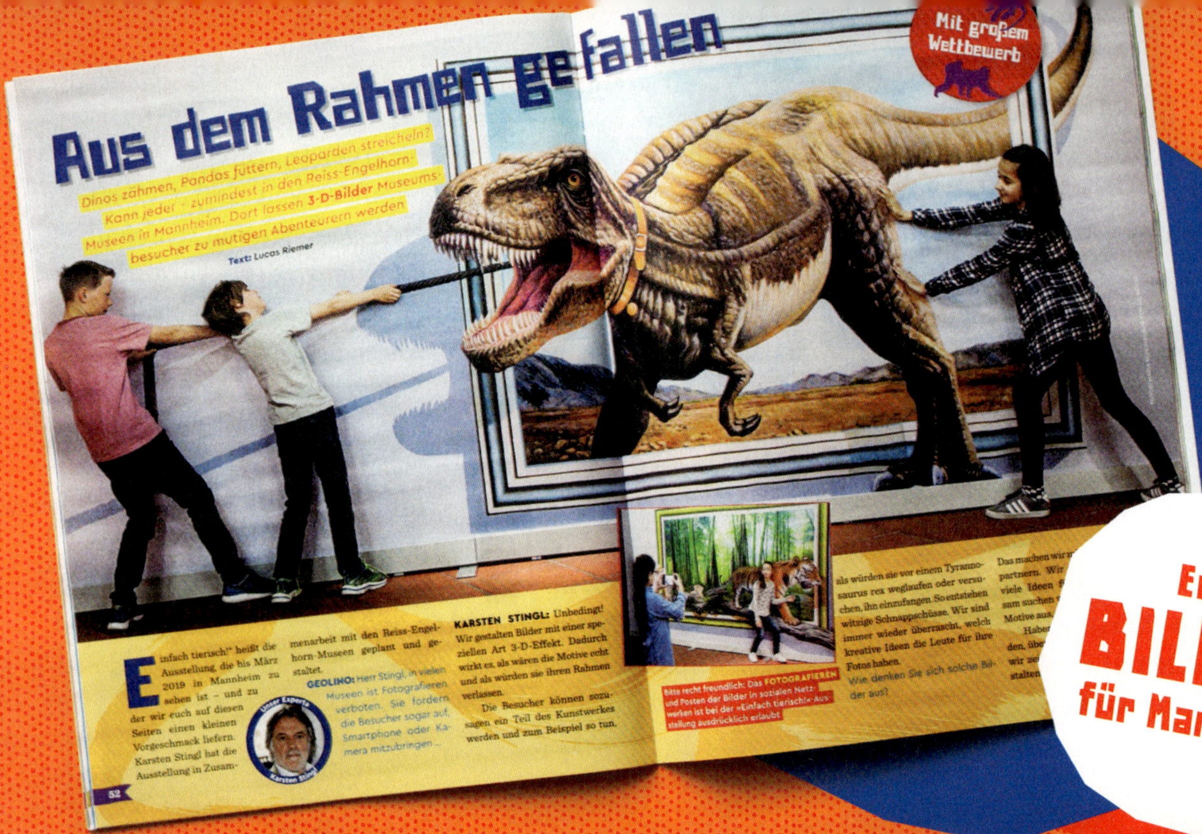

Aus dem Rahmen gefallen

Mit großem Wettbewerb

Dinos zähmen, Pandas füttern, Leoparden streicheln? Kann jeder – zumindest in den Reiss-Engelhorn-Museen in Mannheim. Dort lassen **3-D-Bilder** Museumsbesucher zu mutigen Abenteurern werden

Text: Lucas Riemer

Einfach tierisch!" heißt die Ausstellung, die bis März 2019 in Mannheim zu sehen ist – und zu der wir euch auf diesen Seiten einen kleinen Vorgeschmack liefern. Karsten Stingl hat die Ausstellung in Zusammenarbeit mit den Reiss-Engelhorn-Museen geplant und gestaltet.

Unser Experte Karsten Stingl

GEOLINO: Herr Stingl, in vielen Museen ist Fotografieren verboten. Sie fordern die Besucher sogar auf, Smartphone oder Kamera mitzubringen …

KARSTEN STINGL: Unbedingt! Wir gestalten Bilder mit einer speziellen Art 3-D-Effekt. Dadurch wirkt es, als wären die Motive echt und als würden sie ihren Rahmen verlassen.

Die Besucher können sozusagen ein Teil des Kunstwerkes werden und zum Beispiel so tun, als würden sie vor einem Tyrannosaurus rex weglaufen oder versuchen, ihn einzufangen. So entstehen witzige Schnappschüsse. Wir sind immer wieder überrascht, welch kreative Ideen die Leute für ihre Fotos haben.

Wie denken Sie sich solche Bilder aus?

Das machen wir m… partnern. Wir … viele Ideen f… sam suchen … Motive aus.

Haben … den, übe… wir ze… stalten…

Bitte recht freundlich: Das **FOTOGRAFIEREN** und Posten der Bilder in sozialen Netzwerken ist bei der »Einfach tierisch!«-Ausstellung ausdrücklich erlaubt

52

Eure **BILDER** für Mannheim

Museumsreife Leistung!

Auflösung des Malwettbewerbs

Ihr erinnert euch? Im vergangenen Juli hatten wir euch in GEOlino verrückte ***Tierbilder*** *in 3-D gezeigt (oben), die gerade in den Reiss-Engelhorn-Museen in Mannheim zu sehen sind. Was den Mannheimern allerdings fehlte: ein Affe! Da seid ihr ins Spiel gekommen. Wir haben euch aufgerufen, Motive zu erschaffen, die dem Maler als Vorlage für ein weiteres Bild für die* ***Ausstellung*** *dienen. Wochenlang habt ihr uns mit euren Entwürfen überschüttet, die zehn gelungensten zeigen wir hier. Sie alle belohnen wir mit diesem GEOlino extra samt DVD. Antonia Luisa aus Berlin, unsere* ***Gewinnerin****, laden wir zudem zur feierlichen Enthüllung nach Mannheim ein. Glückwunsch!*

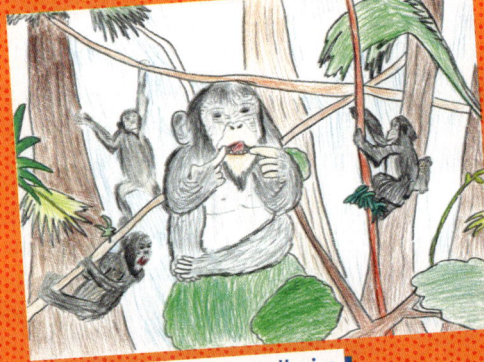

Laura, 13 Jahre, aus Pulheim

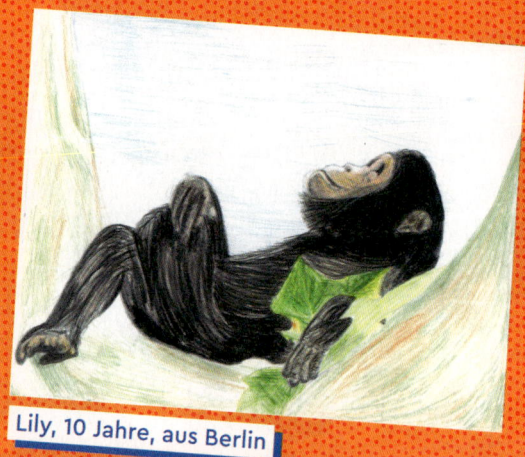

Lily, 10 Jahre, aus Berlin

Luis, 11 Jahre, aus Bonn

Steffanie, 16 Jahre, aus Rastatt

Felix, 11 Jahre, aus Berndorf (Österreich)

Antonia Luisa, 13 Jahre, aus Berlin

Marlene, 11 Jahre, aus Michendorf

Julia, 12 Jahre, aus Oberkochen

Jeruscha, 11 Jahre, aus Turbenthal (Schweiz)

Joanne, 11 Jahre, aus Frankenberg

In Zusammenarbeit mit

re**m**
Reiss-Engelhorn-Museen

GEOlino extra Fotos: GEOlino 08/2018 (o.l.); privat (10); shutterstock (Hintergrund)

Ein gutes Ende

Jahrelang waren sie als Versuchstiere in einem Forschungslabor eingesperrt, dann kam die Rettung: Auf einem Gnadenhof in Österreich sollen gequälte Schimpansen nun lernen, ein normales Affenleben zu führen. Wird es ihnen gelingen?

Text: *Annika Sartor*

Schlimme Vergangenheit: Elf Jahre lang war Clyde als **Versuchstier** in einem Labor gefangen. Andere Schimpansen mussten sogar fast doppelt so lange leiden wie er

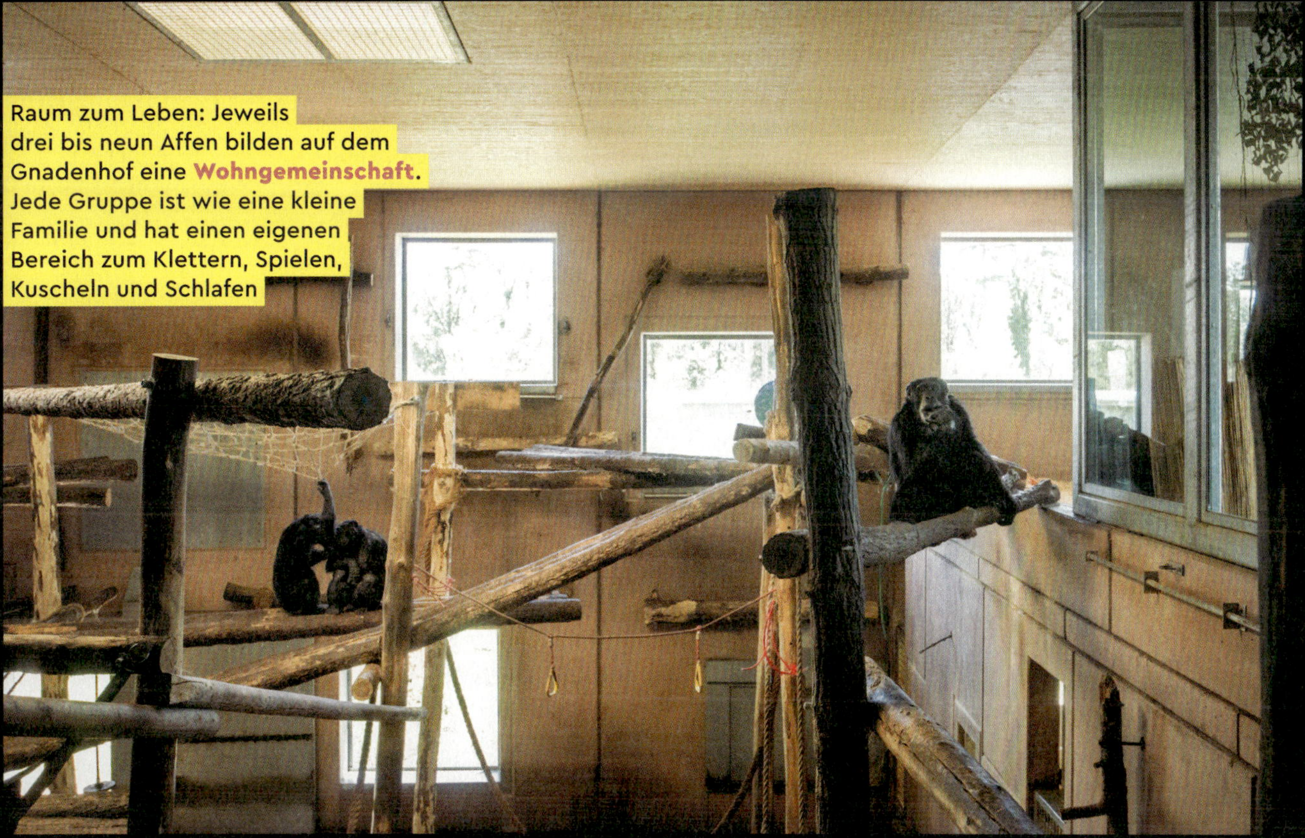

Raum zum Leben: Jeweils drei bis neun Affen bilden auf dem Gnadenhof eine **Wohngemeinschaft**. Jede Gruppe ist wie eine kleine Familie und hat einen eigenen Bereich zum Klettern, Spielen, Kuscheln und Schlafen

Auf den ersten Blick sehen sie aus wie eine normale **Affenbande:** Schuscha kuschelt in ihrem Nest. Gogo schiebt sich eine Zwiebel in den Mund. Clyde hangelt ein Seil entlang und schreit schrill durch den Raum: „Uh-uh-uh!" Nur wer sich näher mit den Schimpansen beschäftigt, erfährt, dass sie sich manchmal ungewöhnlich verhalten. Blacky zum Beispiel schlägt sich selbst, wenn er aufgeregt ist. Isidor leidet unter Zitteranfällen und Höhenangst. Xsara traut sich nicht ins Freie. Und Betty hat einem anderen Schimpansen ein Ohr abgebissen.

Renate Foidl kennt jedes einzelne dieser Probleme. Als Pflegerin arbeitet die 46-Jährige – rotes T-Shirt, Brille, Zopf auf dem Kopf – für das Gut Aiderbichl. Die Organisation betreibt Stationen für alte, kranke oder misshandelte Tiere. Darunter: ein Gnadenhof für Affen in der Nähe der österreichischen Hauptstadt Wien. 34 Schimpansen haben auf dem Gelände eine Bleibe gefunden. Renate Foidl kümmert sich um sie und sagt: „Eigentlich ist es erstaunlich, dass sie sich überhaupt benehmen wie normale

Jeder Bewohner des Gnadenhofs wird an der Wand des Geheges mit einem **Steckbrief** vorgestellt – auch der 35-jährige Moritz (oben links im Bild) und seine Wohngruppe

Schimpansen." Jahrelang durften sie nämlich nicht wie Affen leben – sie waren als Versuchstiere eingesperrt.

Kleine Tafeln an den Gehegen der Schimpansen fassen ihre Vergangenheit zusammen. Darauf ist zum Beispiel Moritz zu sehen, ein 35-jähriges Männchen mit gesprenkeltem Gesicht und grauen Barthaaren. Unter seinem Foto steht geschrieben: „Wildfang, Afrika, geboren 1983. Im ▶

Versuch von 1986 bis 1997". Wie Moritz aufwuchs, können Renate Foidl und die anderen Pfleger nur vermuten. Wahrscheinlich stammt seine Affenfamilie aus dem westafrikanischen Land Sierra Leone. Schon als Baby wird Moritz dort von Wilderern entführt. Sie stecken ihn in eine Transportbox und schicken ihn um die halbe Welt. Am Ende landet er im Versuchslabor der österreichischen Immuno AG. Die Medizinfirma entwickelt Impfstoffe und testet sie an Affen.

Moritz ist nicht das einzige Versuchstier bei Immuno: Auch Schuschua und Gogo, Clyde, Blacky und all die anderen – insgesamt 30 der Schimpansen, die heute auf dem Gnadenhof leben – sind im Labor gefangen. Die Tiere dürfen einander aber nicht sehen, riechen oder berühren. Jeder bekommt einen Käfig, so klein, dass die Affen gerade aufrecht darin stehen können. Statt Sonne gibt es Neonlicht, statt Gras einen Gitterrost am Boden. Menschen begegnen Moritz nur in grauen Plastikanzügen, Mund und Nase hinter Schutzmasken verborgen. Sie stecken einige Affen mit Viren an, denn für ihre Forschung brauchen sie kranke Tiere. Andere Schimpansen werden zwar nicht infiziert, aber immer wieder betäubt und untersucht.

Für Moritz und die anderen geht das Wochen, Monate, Jahre so. Dann kommt endlich ein Mensch, der es gut mit ihnen meint: Renate Foidl. Als angehende Tierpflegerin muss sie ein Praktikum in dem Versuchslabor machen. Wenn sie die Käfige reinigt, rütteln die Affen an den Gitterstäben. „Man kann nicht erahnen, was sie gefühlt haben", erzählt sie. „Aber es hat mich trotzdem bedrückt, auch nach Feierabend noch."

Dann bekommt Renate Foidl tatsächlich eine Chance, den Schimpansen zu helfen: Ein anderes Unternehmen kauft die Immuno AG, beendet die Tierversuche und bringt die Affen in einem Safaripark unter. Als der im Jahr 2004 pleitegeht, kämpft Renate Foidl mit anderen dafür, dass das Gut Aiderbichl die Schimpansen aufnimmt. Und sie hat Erfolg.

Lingoa schält die Rinde von einem Baumstamm. Um das **Geschick** der Schimpansen zu trainieren, verstecken die Pfleger auch Rosinen oder Nüsse in Holzlöchern

Auf dem Gnadenhof müssen die Schimpansen üben, wieder Affen zu sein. Viele haben das Klettern in den engen Käfigen verlernt, ihre Muskeln sind verkümmert. Weil sie ihre Finger lange nicht benutzt haben, sind sie steif geworden. Zum Training verstecken die Pfleger Rosinen in löchrigen Baumstämmen. Die Schimpansen pulen sie mühsam aus dem Holz.

Der Neuanfang ist schwer, denn die Affen sind zudem traumatisiert. Deshalb verletzen sie sich oder Artgenossen. Und sie haben vor vielem Angst: Vorbeirauschende Flugzeuge gehören dazu und grelle Farben. Ein Männchen namens Babbyboy fürchtet sich sogar vor Menschen in kurzer Kleidung, denn so etwas hat er noch nie zuvor gesehen. Außerdem müssen▸

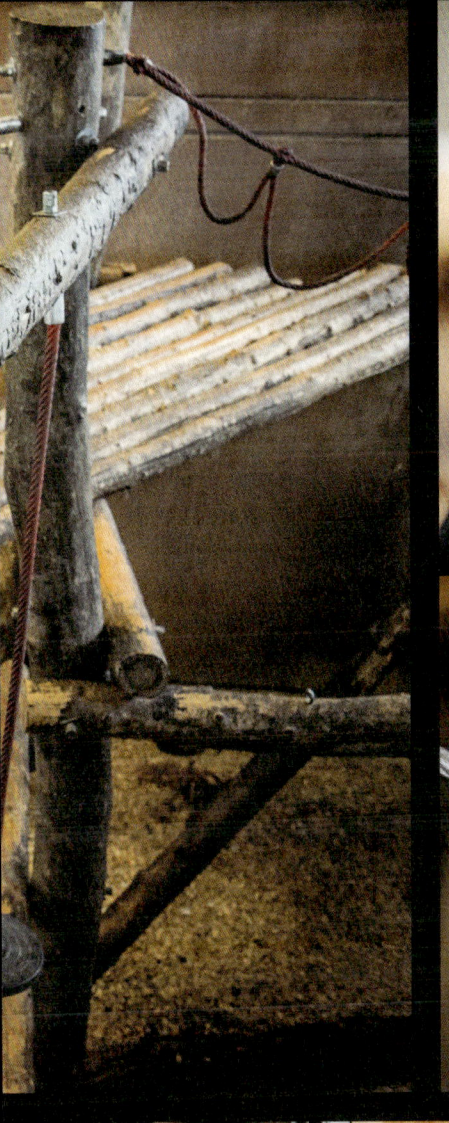

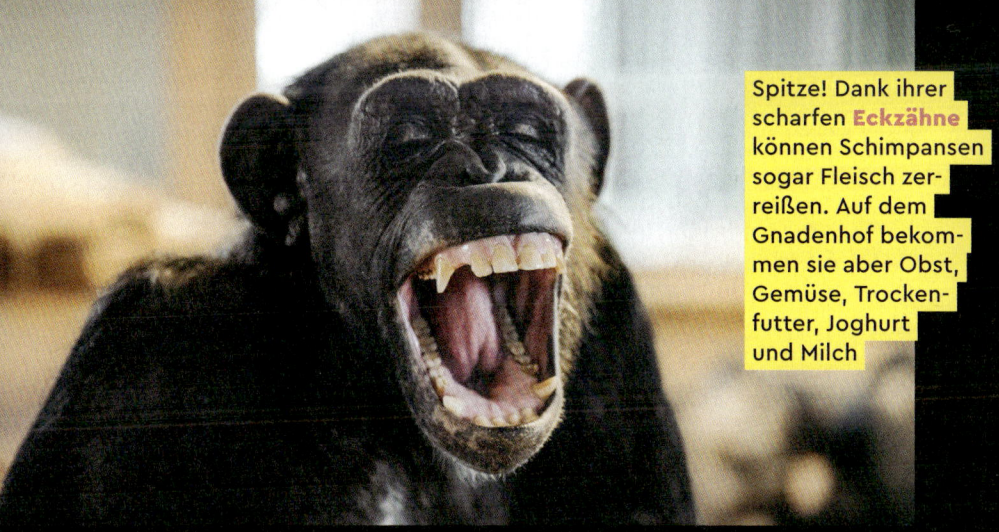

Spitze! Dank ihrer scharfen **Eckzähne** können Schimpansen sogar Fleisch zerreißen. Auf dem Gnadenhof bekommen sie aber Obst, Gemüse, Trockenfutter, Joghurt und Milch

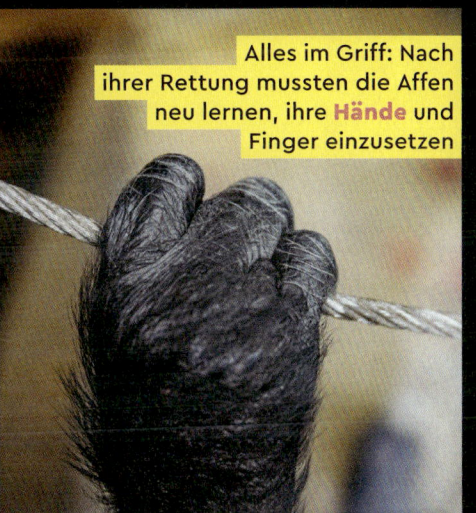

Alles im Griff: Nach ihrer Rettung mussten die Affen neu lernen, ihre **Hände** und Finger einzusetzen

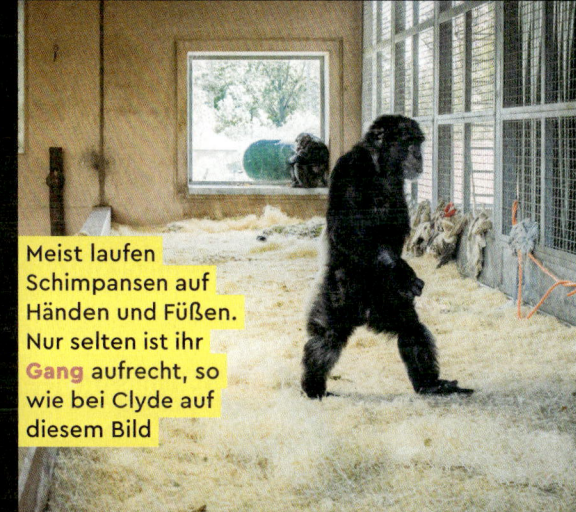

Meist laufen Schimpansen auf Händen und Füßen. Nur selten ist ihr **Gang** aufrecht, so wie bei Clyde auf diesem Bild

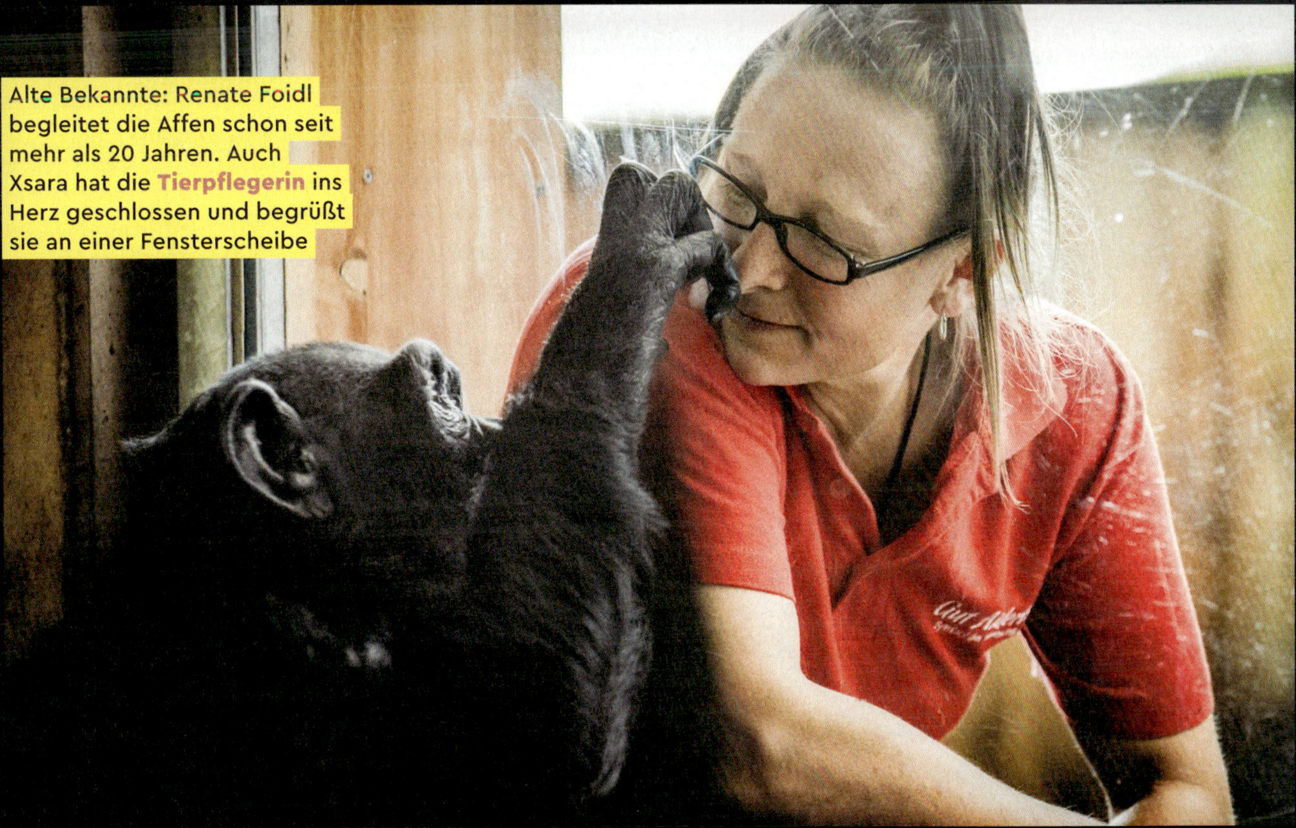

Alte Bekannte: Renate Foidl begleitet die Affen schon seit mehr als 20 Jahren. Auch Xsara hat die **Tierpflegerin** ins Herz geschlossen und begrüßt sie an einer Fensterscheibe

GEOlino extra Fotos: Christopher Mavrič/Anzenberger (o. m., r. m. r., r. u.); Andreas Jakwerth (r. o., r. m. l.)

sich die Affen an noch etwas gewöhnen: aneinander.

Lassen sich Schimpansen nach jahrelanger Einsamkeit wieder auf Artgenossen ein? Renate Foidl und die anderen Pfleger sind vorsichtig. Zunächst stellen sie die Tiere in getrennten Käfigen gegenüber. Dann öffnen sie die Gitter einen Spalt breit, sodass sich die Affen berühren können. Erst nach etwa 300 solcher Annäherungen dürfen ausgewählte Paare den gleichen Raum betreten – so wie Pünktchen und Ingrid. „Die beiden sind aufeinander zugelaufen und haben sich minutenlang umarmt", erinnert sich Renate Foidl. Bis heute haben sich sechs Grüppchen gefunden, in denen die Affen gut miteinander auskommen und sich einen sogenannten Wohnraum teilen.

Auf zwei Etagen finden die Schimpansen dort Seile, Schaukeln, Hängematten, Baumstämme zum Klettern und Holzwolle, aus denen sie ihre Schlafnester bauen. Sie hocken da, necken, kraulen oder lausen sich. Gerade lässt Bonnie ihren ledernen Zeigefinger durch Xsaras Fell gleiten, streicht ihr den Nacken und den Rücken entlang. Sie genießt den Kontakt zu anderen. Allerdings gilt das nicht für alle Affen auf dem Gnadenhof: Fünf von ihnen leben in Einzelgehegen, weil sie es in der Gruppe nicht aushalten oder aggressiv werden.

Weil die Affen voneinander lernen sollen, halten sich die Pfleger im Hintergrund. Sie dürfen den Tieren ohnehin nicht zu nahe kommen: Jedes Männchen ist stärker als sie und könnte sie verletzen. Affen und Menschen trennen darum dicke Scheiben aus Sicherheitsglas. Gemüse, Früchte und Trockenfutter bekommen die Tiere durch eine Klappe gereicht. Werden die Wohnräume gereinigt, müssen die Schimpansen sie verlassen.

In den Jahren 2011 und 2012 hat sich das Leben der Affen noch einmal verbessert: Sie haben Freigehege bekommen, insgesamt 7200 Quadratmeter groß. Moritz geht seitdem jeden Tag nach draußen, egal bei welchem Wetter. Er hat die vier Jahreszeiten kennengelernt, spürt

In der Wildnis streicheln sich Schimpansen gegenseitig und säubern einander das Fell. Auf dem Gnadenhof mussten sie dieses Verhalten erst wieder üben

das Gras unter seinen Füßen und die Wärme der Sonne im dunklen Fell. Wenn es regnet, fängt er die Tropfen mit seinem Mund auf. Auch heute geht er raus, zieht sich den Kletterbaum hinauf und balanciert über einen quergelegten Stamm. Von dort oben blickt er auf die Betonwände des Geheges – darauf ist ein grüner Urwald gemalt. Renate Foidl beobachtet Moritz, wie sie es oft mit ihren Schimpansen tut. Sie sagt: „Die Freiheit werden wir ihnen nie zurückgeben können. Aber wir helfen ihnen durch den Alltag und begleiten sie. Bis ans Lebensende." ∎

Um die Affen nicht zu stören, dürfen nur wenige Besucher auf den Gnadenhof. Unsere Reporter – Fotograf Christopher und Autorin Annika – hatten Glück

Clyde turnt schnell und geschickt. Anderen Affen fällt das **Klettern** noch schwer. Die Pfleger haben ihnen darum Rampen in die Wohnräume gebaut

Übersicht: Der gesamte **Gnadenhof** ist mit 15,5 Hektar so groß wie 22 Fußballfelder. Dieser Ausschnitt zeigt das Haus, in dem die meisten Affen wohnen – mit Zugang in ihre Freigehege

Tier-versuche

Was erlaubt ist – und was nicht

Allein in Deutschland wurden im Jahr 2016 Versuche an insgesamt 2,8 Millionen Tieren durchgeführt – 2462 davon waren Affen oder Halbaffen. Vor allem Javaneraffen mussten Experimente über sich ergehen lassen. Tests an **Menschenaffen** wie Schimpansen gibt es in Deutschland seit dem Jahr 1991 nicht mehr, seit 2010 sind sie in der gesamten Europäischen Union (EU) verboten. Andere Länder, zum Beispiel die USA, erlauben Versuche mit allen Affenarten. Weil uns die Tiere so ähnlich sind, testen Wissenschaftler an ihnen neue **Medikamente** für Menschen, erforschen ihre Gehirne oder sammeln Wissen darüber, wie sich Krankheiten verbreiten. Dabei gilt: Die Versuche sind nur erlaubt, wenn der **Nutzen** für uns Menschen besonders groß ist. Immer wieder sterben nämlich Affen während der Testreihen. Und viele werden eingeschläfert, wenn die Forscher sie nicht mehr brauchen.

Luft, Sonne – ein Gefühl von Freiheit! Im **Außengehege** findet Moritz einen Teich, Kräuter und Kletterbäume. Er benutzt die Anlage jeden Tag

GEOlino **extra** Fotos: Andreas Jakwerth (l. o.); Christopher Mavrič/Anzenberger (l. u., r. o., r.u.); Gut Aiderbichl (r. m.)

Sollen Affen dieselben

Schimpansen, die wählen gehen? Einen Job haben? Heiraten
Die Mitglieder der Organisation Great Ape Project finden aber:
das Recht auf Leben, Freiheit und Unversehrtheit, also
Argumente dafür und dagegen, damit ihr

DAFÜR

Wir sind alle Menschenaffen

Rein biologisch zählen auch wir zu den Menschenaffen und sind den Tieren unglaublich ähnlich. Die Hand eines Schimpansen oder der Blick eines Gorillas kommen uns ziemlich vertraut vor. Forscher haben herausgefunden, dass das Erbgut der Tiere zu rund 98 Prozent mit unserem übereinstimmt! Auch daraus schlussfolgern einige, dass unsere nächsten Verwandten vermutlich auch denken wie Menschen.

Tatsächlich haben Affen immer wieder bewiesen, wie klug sie sind. Noch vor etwas mehr als 50 Jahren glaubte man zum Beispiel, dass nur Menschen Werkzeuge bauen und benutzen können. Dann aber beobachteten Wissenschaftler Orang-Utans und Schimpansen, die mit Stöcken nach Futter angelten. Inzwischen kennt man sogar Schimpansen, die Zeichensprache gelernt oder Menschen bei Gedächtnistests übertrumpft haben. Die Tiere erkennen sich außerdem im Spiegel, sie haben also offenbar ein Selbstbewusstsein. Und Gefühle: Sie kichern, wenn sie gekitzelt werden. Sie werden wütend, wenn ihnen jemand Futter klaut. Sie lieben ihre Kinder, beschützen einander und trauern um tote Artgenossen. Genau wie wir!

Für die Tierrechtler des Great Ape Project (übersetzt: Menschenaffen-Projekt) sind alle Menschenaffen darum Personen, die Grundrechte verdient haben – und diese vor Gericht einklagen können sollten! Dazu sollen sie eine Art Anwalt bekommen, der sie dabei vertritt. Geht dieser Plan auf, wäre es in Zukunft ohne Ausnahme und weltweit strafbar, die Affen gefangen zu halten, ihnen in Tierversuchen Schmerzen zuzufügen, sie zu jagen oder ihren Lebensraum zu zerstören.

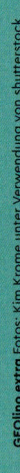

Rechte haben wie Menschen?

dürfen? So weit gehen die Vorschläge der **Tierrechtler** nicht.
Alle Menschenaffen sollten wenigstens drei Grundrechte bekommen –
gesund und wohlbehalten zu sein. Wir nennen euch
euch selbst eine Meinung bilden könnt

DAGEGEN

Das führt zu weit

Ja, das Erbgut von Schimpansen stimmt zu 98 Prozent mit unserem überein – aber wir haben auch zu 95 Prozent ähnliche Gene wie Mäuse. Trotzdem behauptet niemand, dass die Nager so sind wie wir. Kritiker des Great Ape Project finden: Die Überschneidung von Erbgut sagt nur wenig über Gemeinsamkeiten aus. ==Kein Affe der Welt kann zum Beispiel richtig sprechen und sagen, was in seinem Kopf vor sich geht.==

Abgesehen davon ist es falsch, überhaupt mit dem Können von Menschenschaffen zu argumentieren. Grundrechte sind nämlich nicht an Fähigkeiten geknüpft. Sie gelten auch für Kranke, Behinderte oder Babys, die nicht selbst für sich sorgen können. Die einzige Bedingung, um die Rechte zu bekommen, lautet: Menschsein – eine Voraussetzung, die Menschenaffen wie Schimpansen nicht erfüllen.

Nehmen wir trotzdem an, die Forderungen des Great Ape Project würden wahr. Dann müssten Zoos alle Menschenaffen freilassen. Doch viele der Tiere kämen in der Wildnis überhaupt nicht zurecht. Könnten Menschen keine Schimpansen oder Gorillas mehr in Zoos besuchen, würden sie vermutlich auch öfter als Touristen zu ihnen reisen und sie in ihren natürlichen Lebensräumen stören. Ein anderer Punkt: ==Bekämen alle Menschenaffen Grundrechte, würde das Tierschützer stärken, die diese auch für andere Arten einfordern.== Krähen nutzen ebenfalls Werkzeuge, Delfine besitzen im Verhältnis zu ihrem Körper größere Gehirne als Affen, Hunde verstehen und lernen schnell ... Wo soll man da noch Grenzen ziehen?

Wissenschaftler machen sich deshalb Sorgen, dass es bald keine Versuchstiere mehr gibt, an denen sie neue Medikamente für den Menschen testen können.

DAS IST IHR JOB

*Spielzeug für Zoo-Äffchen basteln, als Fotograf um die Welt reisen, Kapuziner-affen Tricks beibringen: Viele Berufe klingen unglaublich spannend. Sind sie es wirklich? Wir machen den **Check** – ab jetzt in jeder Ausgabe*

Protokolle: **Lucas Riemer**

Im Leipziger Zoo kümmert sich Philipp Hünemeyer Tag für Tag auch um **Kaiserschnurr-bart-Tamarine**

Stillgestanden! Eigentlich ist Philipp Hünemeyer den ganzen Tag in **Bewegung** und an der frischen Luft. Für dieses Porträtfoto hielt er ausnahms-weise einen Moment inne

Philipp Hünemeyer bereitet das **Futter** zu: Die Affen bekommen unter anderem Gräser und Blätter

Bastelstunde: Um an die Nüsse in dieser **Kiste** zu gelangen, müssen die Affen später eine Weile knobeln. So wird den Tieren nicht langweilig

PHILIPP HÜNEMEYER, 32:
ZOOTIERPFLEGER

Arbeitsort: Zoo Leipzig

So sieht mein Alltag aus: Ab morgens früh um sieben kümmere ich mich vor allem um Schwarze Brüllaffen, Kaiserschnurrbart-Tamarine und Goldene Löwenäffchen. Weil sie viel Dreck machen, reinige ich als Erstes die Außenanlage, bevor um neun Uhr die Besucher kommen. Dann beginne ich, das Futter vorzubereiten. Wenn die Affen draußen sind, putze ich die Ställe oder bastele Spielzeug für sie. Auch Beobachten gehört zu meinem Job: Ist alles in Ordnung, oder verhält sich ein Affe merkwürdig? Das könnte ein Zeichen sein, dass es ihm nicht gut geht.

Ich bin Zootierpfleger geworden weil ... das schon als Kind mein Traumberuf war. Ich habe trotzdem erst mal Architektur studiert, aber das war nichts für mich. Mit 27 habe ich mich deshalb für die Ausbildung im Zoo beworben.

Das mag ich besonders an meinem Job: den Kontakt zu den Tieren und die Bewegung an der frischen Luft. An einem normalen Arbeitstag laufe ich ungefähr zehn Kilometer! Außerdem erlebe ich viel Schönes, etwa die Geburt von Jungtieren.

Manchmal nervt mich: das Wetter. Ich bin fast den ganzen Tag draußen – auch wenn es regnet oder eisig kalt ist.

Während meiner Ausbildung habe ich gelernt ... was unterschiedliche Zootiere fressen, in welchen Gruppen sie zusammenleben können und wie ich mich als Pfleger vor gefährlichen Tieren schütze, etwa beim Ausmisten des Stalls. Insgesamt dauert die Ausbildung zum Zootierpfleger drei Jahre.

Mein Tipp: Wer später mit Tieren arbeiten will, sollte in naturwissenschaftlichen Fächern gut aufpassen, besonders in Biologie. Außerdem hilft es, Praktika oder ein Freiwilliges Ökologisches Jahr in Zoos oder Tierheimen zu machen.

Bei der Fütterung vor den Augen der Zoobesucher lockt der Pfleger die Affen mit **Leckerlis** auf seine Schulter

Verdienst: 1700 bis 2880 € im Monat

Actionfaktor: 💥 💥 💥 ✦ ✦

Ist was für ...
 Teamworker   Sportler   Kreative

77

MARISSA CUDA, 26:
TIERTRAINERIN

Arbeitsort: Trainingszentrum der Organisation Helping Hands (auf Deutsch: „helfende Hände") in der US-amerikanischen Stadt Boston

So sieht mein Alltag aus: Bei Helping Hands bilden wir Kapuzineraffen zu Hilfstieren aus, die im Alltag körperlich behinderten Menschen zur Hand gehen. Sie schalten etwa das Licht ein oder heben heruntergefallene Dinge auf. Ich bin für zehn Affen zuständig. Das heißt, ich füttere und pflege sie und trainiere mit ihnen verschiedene Aufgaben. Zum Beispiel lasse ich einen Stift fallen und bitte den Affen, ihn aufzuheben. Legt er mir den Stift auf den Schoß, belohne ich ihn mit einem Lob und etwas Erdnussbutter. Je nachdem, wie schnell ein Affe lernt, dauert die gesamte Ausbildung etwa drei bis fünf Jahre. Danach zieht der Affe zu dem Menschen, dem er helfen soll.

Ich bin Affentrainerin geworden weil ... ich schon immer mit Tieren arbeiten wollte. Zu dem Job als Trainerin bin ich dann durch ein Praktikum gekommen.

Das mag ich besonders an meinem Job: Jeder Affe, den wir ausbilden, hat eine eigene Persönlichkeit. Es macht großen Spaß, sie alle kennenzulernen und zu jedem eine Beziehung aufzubauen.

Manchmal nervt mich: das Saubermachen. Die Affen machen nämlich ziemlich viel Dreck.

Während meiner Ausbildung habe ich gelernt ... wie sich verschiedene Tierarten entwickelt haben, wie sie leben und wie sie sich verhalten. Das alles gehört zu einem Zoologie-Studium dazu.

Mein Tipp: Lernt so viel wie möglich über Tiere! Und fragt am besten bei einer Tierklinik oder einem Zoo in eurer Nähe, ob ihr dort ein Praktikum machen oder ehrenamtlich helfen dürft.

Verdienst: 1500 bis 3700 € im Monat

Actionfaktor: ✹ ✹ ✩ ✩ ✩

Ist was für ...
Forscher

Marissa Cuda bringt dem Affen bei, ihr einen **Mundstab** zwischen die Zähne zu stecken. Damit können gelähmte Menschen etwa auf einer Tastatur tippen

Gut aufgelegt: Die Affen lernen auch, einfache technische Geräte wie einen **CD-Player** zu bedienen

Ein starkes **Team**: Seit 2014 arbeitet Marissa Cuda als Affentrainerin bei der Organisation Helping Hands

Ingo Arndt hat Tiere auf allen Kontinenten der Erde fotografiert – so wie diese **Dscheladas** in Äthiopien

Stativ, Kamera, Objektive: Rund 15 Kilogramm wiegt allein die **Technik**, die Ingo Arndt auf seinen Fototouren dabei hat

Schon seit mehr als 20 Jahren bereist Ingo Arndt als **Tierfotograf** die Welt

GEOlino extra Fotos: Gildson Gomes (l.3); Ingo Arndt (r.3); shutterstock creative (Beiwerk, 2)

INGO ARNDT, 50:
WILDTIERFOTOGRAF

Arbeitsort: fast überall auf der Welt

So sieht mein Alltag aus: Ungefähr die Hälfte des Jahres reise ich um die Welt, um Bilder von Affen oder anderen Tieren in der Wildnis zu machen. Meist bin ich wochenlang unterwegs, denn oft brauche ich viel Geduld für ein gutes Foto. Einmal, als ich in Südamerika Rote Uakaris fotografierte, musste ich acht Tage warten, bis ich zum ersten Mal ein Tier vor der Kamera hatte. Nach den Reisen verkaufe ich meine Bilder an Buchverlage – und an Zeitschriften wie GEOlino oder GEO.

Ich bin Wildtierfotograf geworden weil ... mein Vater Hobby-Vogelkundler ist. Er hat mich schon als Kind oft mit in die Natur genommen, um Vögel zu beobachten. So hat er meine Begeisterung für Tiere geweckt.

Das mag ich besonders an meinem Job: Er wird nie langweilig, weil es so viele faszinierende Tiere auf der Erde gibt, egal ob Raubkatzen, Affen oder Insekten.

Manchmal nervt mich: das Gewicht meiner Ausrüstung. Allein die Kamera, das Stativ und die Objektive, die ich immer mit mir herumschleppe, wiegen insgesamt rund 15 Kilogramm.

Während meiner Ausbildung habe ich gelernt ... nichts! Das Fotografieren und mein Wissen über die Tiere habe ich mir selbst beigebracht. Ich hätte zwar beinahe eine Ausbildung zum Fotografen begonnen, aber ich fand es dann doch zu langweilig, den ganzen Tag im Studio zu stehen.

Mein Tipp: Für ein gutes Foto muss ich mich in die Tiere hineinversetzen und ein Gefühl für sie entwickeln. Ich versuche deshalb, mich beim Fotografieren an ihr Verhalten anzupassen. Affen akzeptieren mich in ihrer Nähe eher, wenn ich auch auf einem Blatt herumkaue oder mich am Kopf kratze.

Verdienst: 5000 bis 30 000 € im Monat

Actionfaktor: ✹ ✹ ✹ ✹ ✩

Ist was für ...

 Einzelgänger   Forscher   Sportler

Extratour

*Habt ihr alle Geschichten gelesen? Dann knackt ihr diese Knobeleien bestimmt. Wenn nicht: Viel **Spaß** beim Suchen! Die Lösungen verstecken sich nämlich im Heft*

1. Welche Gefahr für Orang-Utans ist auf dem Bildausschnitt zu sehen?

2. Welche drei Affenarten sind in diesem Bild zusammengemischt?

3. Welches Tier ist hier falsch?

Geoffroy-Klammeraffe, Mandrill, Schwarzer Brüllaffe, Gehaubter Kapuziner

4. Was müsst ihr in die Waagschale legen, um das Bonobo-Baby aufzuwiegen? Entscheidet euch für eine der vier Möglichkeiten.

4 GEOlino-extra-Hefte

1 Orange

1 leere Babyflasche

1 Roller

5. Diese fünf Freunde diskutieren über Affen. Hat Jim recht? Kombiniert ihre Antworten, um es herauszufinden!

LUCY: Gibbons sind näher mit uns verwandt als Mandrills.

PAULA: Lucy lügt.

BOB: Im Höllental baden Makaken in heißen Quellen.

LAURA: Paula lügt.

JIM: Drei von euch sagen die Wahrheit.

---

6. Zoowärter Otto ist ein Affensteckbrief heruntergefallen. Zu welchem seiner Affen gehört er?

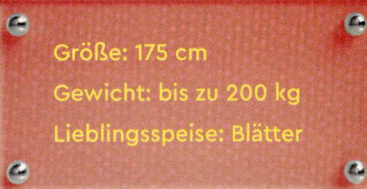
Größe: 175 cm
Gewicht: bis zu 200 kg
Lieblingsspeise: Blätter

A

B

C

---

7. Welcher indonesische Affe, der inzwischen weltberühmt ist, versteckt sich hier?

---

8. Wie viele Affen sind auf den Fotos in diesem Heft zu sehen? Schätzt mal – oder zählt einfach nach!

A rund 150   **B** rund 180   **C** rund 250

---

9. Viele Schimpansen sind durch ungewöhnliche Leistungen berühmt geworden. Welcher allerdings nicht?

A Zahlengenie Ayumu ließ bei Gedächtnistests japanische Studenten alt aussehen.

B Sprachschüler Kanzi soll an einer US-Universität 3000 Worte Englisch gelernt haben und kann sich über Lexigramme (Sprachsymbole) auf einer Tastatur unterhalten.

C Allroundsportler Speedy trat bei den Olympischen Spielen 1956 für Schweden im Reckturnen und 50-Meter-Brustschwimmen an.

D Astro-Affe Ham flog bereits 1961 ins Weltall – noch ehe der erste Mensch dort herumdüste!

AUFLÖSUNG

1. Die Früchte der Ölpalme. Um sie anzubauen, werden auf Borneo und Sumatra Regenwälder abgeholzt, der Heimat der Orang-Utans (mehr dazu ab Seite 22)

2. Nasenaffe, Roter Uakari und Geoffroy-Klammeraffe (mehr dazu ab Seite 40)

3. Der Mandrill. Er ist kein Neuweltaffe (mehr dazu auf den Seiten 17 und 41)

4. Ein Bonobo-Baby wiegt rund 1,3 Kilogramm – etwa so viel wie vier GEOlino-extra-Hefte (mehr dazu ab Seite 30)

5. Lucy und Bob machen wahre Aussagen, Paula liegt also falsch und Laura richtig. Jim hat damit recht, wenn er sagt, dass drei der anderen die Wahrheit sagen (mehr dazu ab Seite 16 und 60)

6. Bis zu 200 Kilogramm – so schwer ist nur ein Gorilla. Der Steckbrief gehört zu dem Affen in Bild A (mehr dazu ab Seite 52)

7. Der Schopfmakak wurde 2011 berühmt, nachdem er mit der Kamera eines Fotografen gespielt und dabei zahlreiche Selfies von sich geschossen hatte (mehr dazu ab Seite 10)

8. Es sind rund 180.

9. Ganz klar: C. Schimpansen dürfen weder bei den Olympischen Spielen antreten, noch wurden sie je beim Reckturnen beobachtet (Über die anderen Leistungen lest ihr ab Seite 30 und 46)

Ein Junge im Rollstuhl, ein dickköpfiges Mädchen und eine Schildkröte mit Sprachfehler: Das sind die Doppel-X-Agenten. Mit Mut, Köpfchen und genialen Erfindungen lüften sie so manches Geheimnis – im

Die DOPPEL-X-AGENTEN

Folge 1: *Der goldene Affe*

Auftrag von Professor XX. Keiner weiß, wer dieser mysteriöse Auftraggeber ist, nicht einmal die Agenten selbst. Diesmal schickt er sie nach Indien, wo das Team eine verschwundene Statue aus Gold aufspüren soll

Idee & Text: *Björn Krause*   Illustration: *Manuel Kilger*

Das Team

Der Auftraggeber

Luke
Codename: Agent Smart
Alter: 12 Jahre
Lieblingsfach: Physik
Spezialfähigkeit: Entwickelt die Ausrüstung des Teams, vor allem für Jadas Panzer. Sein Rollstuhl ist besser ausgestattet als die Autos von James Bond

Maya
Codename: Agent Power
Alter: 11 Jahre
Lieblingsfach: Sport
Spezialfähigkeit: Hat Bärenkräfte und einen schwarzen Gurt in Ju-Jutsu. Man munkelt, sie hätte schon mal ein Auto hochgehoben ...

Jada
Codename: Agent Rocket
Alter: 154,5 Jahre
Lieblingsfach: In ihrem Nachttisch – da ist ihre Schokolade versteckt
Spezialfähigkeit: Kann hypnotisieren und hat einen Sprachfehler – sie verwechselt »ch« und »sch«. Außerdem verfügt sie über einen von Luke modifizierten Panzer

Professor XX
Alter: unbekannt
Lieblingsfach: unbekannt
Spezialfähigkeit: Kann womöglich hellsehen. Denn Professor XX entlohnt die Agenten mit Teilen für ihre Ausrüstung – und weiß immer, was sie gerade am dringendsten brauchen

Die Agenten genießen gerade ihre freie Zeit, als sie das Signal bekommen, dass sie gebraucht werden. Professor XX hat einen Auftrag für sie!

Oh ja!

Oh ja!

Oh nein!

Sofort trifft sich das Team im Hauptquartier – einem fantastischen Baumhaus in Lukes Garten

Diesmal müsst ihr nach Indien. Dort ist eine goldene Affenstatue verschwunden. Findet sie!

Ja!

Ja!

Nein!

Jada, du hast doch einen Panzer. Du brauchst eigentlich gar keinen Helm.

Und du hast einen Dickschädel und trägst trotzdem einen. Mach zu!

Anti-Kollisionslichter?

Turboduüsen?

Koordinaten?

Check!

Check!

Check!

Größe: Indien ist der siebtgrößte Staat der Erde. Einwohner: 1,3 Milliarden, damit nach China das zweitbevölkerungsreichste Land der Welt. Hauptstadt: Neu-Delhi. Lage: Indien grenzt an das Himalaya-Gebirge und an den Indischen Ozean. Religion: Die meisten Anhänger hat der Hinduismus. Nach Christentum und Islam weltweit die drittgrößte Religionsgemeinschaft. Besonderheiten: Es gibt 430 McDonald's-Restaurants. Und Kühe sind heilig.

Kühe!? Die Viescher machen den ganzen Tag nichts anderes, als Grünzeug zu fressen und sisch ihre dicken Euter zu chaukeln …

JADA!!!

Willkommen in Indien, schön, dass ihr hier seid!

Ja, genau.

Hallo Akasha! Am besten, du bringst uns gleich zum Tatort und erzählst uns, was passiert ist.

Auf dem Weg zu Akashas Zuhause erleben die vier ein echtes Affentheater...

Na warte, du...

Nein, nicht!!! Das sind Hanuman-Languren – heilige Tiere!

Heiliger Bimbam! Erst Kühe, jetzt Affen. Was ist nur los in diesem Land?

Akasha erzählt von dem Gott Hanuman, der in der hinduistischen Mythologie die Gestalt eines Affen hat

Warum die Menschen Hanuman verehren? Das erzählt eine ganz besondere Geschichte, das Ramayana-Epos. Darin entführt der zehnköpfige Dämon Ravana die Prinzessin Sita, die Gemahlin von Prinz Rama. Er hält sie auf der sagenumwobenen Insel Lanka gefangen.

Rama bittet den Affengott Hanuman um Hilfe. Wenig später bricht dieser nach Lanka auf, um Sita zu suchen. Er findet sie schließlich in einem Wäldchen. Doch Hanuman wird gefangen genommen, sein Schwanz angezündet. Er kann sich befreien, nimmt eine riesige Gestalt an und lässt Lanka aus Rache in Flammen aufgehen. Hanuman selbst verbrennt sich dabei zwar das Gesicht, die Hände und Füße...

… aber es gelingt ihm gemeinsam mit Rama auch, Prinzessin Sita zu befreien: In einer Schlacht besiegen sie den Dämon und bringen die Prinzessin nach Hause.

Die Languren gelten als Hanumans Nachfahren, weil sie aussehen, als hätten sie ein mit Ruß bedecktes Gesicht. Deshalb werden sie Hanuman-Languren genannt. Und deshalb sind sie heilig.

Egal! Wenn noch mal so ein Fellding auf mich draufchpringt, mache ich ihm rischtig Feuer unter seinem verlausten Hintern!

Wenig später kommen die Agenten in Akashas Haus an. Der Junge erklärt ihnen, dass viele Hindus in ihrer Wohnung einen Schrein haben, vor dem sie beten. Und auf dem die Statue eines Gottes steht. Doch seine Statue ist weg!

Ich war gerade bei der Puja, das ist für uns Hindus ein tägliches Ritual. Es bedeutet so viel wie „Verehrung".

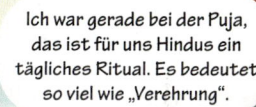

Davon habe ich schon mal gehört. Dabei stellt ihr euren Göttern Opfergaben hin, Obst zum Beispiel, oder?

Richtig, Maya. Ich wollte gerade Räucherstäbchen anzünden, als ich gemerkt habe, dass meine goldene Hanuman-Statue verschwunden ist.

Was machst du da, Agent Smart?

Ich habe einen Verdacht und möchte kurz etwas testen. Die Analyse wird nicht lange dauern.

Eine wilde Verfolgungsjagd beginnt

Lukes Rollstuhllabor ist fertig mit der Analyse

86

Aber jetzt sind sie weg. Wie sollen wir sie bloß finden? Und meine Statue!?

Misch fragt ja keiner!

Denn wenn isch gefragt worden wäre, hätte isch gesagt, dass die verlausten Affen genau hier drin verchwunden sind. Da auf dem Boden liegt nämlisch ein Chtückschen von meinem Cocktailchirmschen, das die Biester mir geklaut haben.

Jada hat recht. Die Agenten und Akasha folgen einer Papierschnipsel-Spur durch den dunklen, verlassenen Tempel, bis ...

Mein Chirmschen!

Meine Statue!

Meine Güte!

Die Agenten verständigen die Polizei, die wenig später eine ganze Verbrecherbande abführt. Die besteht allerdings nicht nur aus Affen!

Wie habt ihr das nur geschafft? Wir sind diesen Ganoven schon seit Monaten auf der Spur! Die Männer haben die Languren darauf abgerichtet, Gold und Schmuck zu klauen. Jetzt hat der Spuk ein Ende – dank euch.

Was für ein Abenteuer! Zurück im Baumhaus erwartet die Agenten schon ein Päckcken von Professor XX zur Belohnung für den erfolgreichen Einsatz.

Was da wohl drin ist? Hoffentlich die Strictotemporoloronsäure, die ich so dringend brauche.

Ein neuer Boxsack wäre mir lieber!

Und mir – ein neues Cocktailchirmschen!

ENDE

Mehr zum THEMA

Top-3-Ausflugsziele

Affenberg Salem

Berberaffen sind vor allem in Nordafrika zu Hause – aber seit rund 40 Jahren auch in Salem am Bodensee. Über 200 von ihnen leben hier mitten im Wald auf einem Berg, ganz ohne Käfige. Die kleinen Primaten sind gute Kletterer, und in den Bäumen haben sie ausreichend Gelegenheit, in die Höhe zu kraxeln. Die meiste Zeit bleiben sie jedoch am Boden, und so laufen sie euch beim Spaziergang andauernd über den Weg. Allerdings solltet ihr einen Sicherheitsabstand von etwa einem Meter einhalten, um die Affen nicht zu bedrängen. Das Spezialpopcorn, das ihr am Eingang zum Verfüttern bekommt, schnappen sie euch allerdings sehr gern aus der Hand!

Affenberg Salem • Mendlishauser Hof • 88682 Salem • www.affenberg-salem.de

Pongoland im Zoo Leipzig

Schimpansen, Gorillas und Orang-Utans: Das Pongoland im Zoo Leipzig ist das Zuhause für viele Menschenaffen. Die großen Außenanlagen bieten ihnen ausreichend Platz zum Spielen oder Faulenzen. Und im Affenhaus finden sie jederzeit Unterschlupf.

Zoo Leipzig • Pfaffendorfer Straße 29 • 04105 Leipzig • www.zoo-leipzig.de

Serengeti-Park

Afrika ist die Heimat vieler Affenarten. Einige findet ihr bei einem Besuch im Serengeti-Park in Niedersachsen. Weißkopf-Sakis, Mandrills oder Geoffroy-Klammeraffen sind in den zahlreichen Freigehegen zu Hause.

Serengeti-Park Hodenhagen • Am Safaripark 1, 29693 Hodenhagen • www.serengeti-park.de

DVD-Tipp

Gefährdete Familienbande

DARUM GEHT'S: Sie sind selten, sie sind bedroht, sie sind faszinierend. Berggorillas leben in Gruppen mit durchschnittlich zehn Mitgliedern in den dichten Regenwäldern Zentralafrikas und Ugandas. Die dreiteilige Dokumentation begleitet Forscher dabei, wie sie die starken Menschenaffen beobachten und beschützen. So erlebt ihr, wie sich ein Vater rührend um ein von der Mutter verlassenes Gorillamädchen kümmert. Und wie Tierschützer versuchen, gefährliche Schlingfallen im Bambuswald aufzuspüren.

DARUM LOHNT ES SICH: Berggorillas sind uns Menschen sehr ähnlich. Ihnen beim Überleben zu helfen sollte uns alle angehen.

Der Berggorilla • Polyband • 1 DVD • etwa 15 Euro

Buch-Tipp

Wie ein Mensch

DARUM GEHT'S: Als Ben 13 Jahre alt ist, bekommt er unverhofft einen kleinen Bruder. Aber keinen menschlichen: Zan ist ein Schimpansen-Baby, das seiner Mutter weggenommen worden ist und nun in Bens Familie aufwachsen soll – fast wie ein Mensch. Denn Bens Vater ist Verhaltenspsychologe und führt Experimente mit dem Menschenaffen durch: Er will ihm eine Zeichensprache beibringen. Als die Universität die Forschungen beendet, wird der Affenjunge Zan in ein Schimpansen-Heim gegeben. Doch Ben möchte ihn unbedingt befreien …

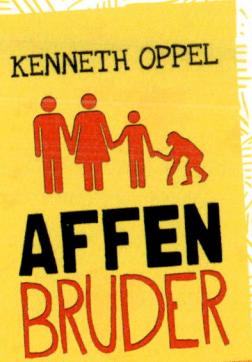

DARUM LOHNT ES SICH: „Affenbruder" ist manchmal ein harter und trauriger Lesestoff, aber eben auch superspannend. Zudem bringt euch der Roman zum Nachdenken darüber, ob solche Versuche mit Affen wie Zan in Ordnung sind oder nicht.

Kenneth Oppel: Affenbruder • Beltz & Gelberg • 439 Seiten • 17,95 Euro

DVD-Tipp

Ganz nah dran

DARUM GEHT'S: Ab Seite 34 lest ihr in diesem Heft über das spannende Leben von Jane Goodall und ihre einzigartigen Forschungen bei den Schimpansen in Tansania. Für diese DVD sind alte Filmaufnahmen aus dem Gombe-Bergwald neu zusammengeschnitten worden.

DARUM LOHNT ES SICH: Mit „Jane" begegnet ihr wild lebenden Menschenaffen hautnah. Wenn sich etwa die Schimpansen zum ersten Mal dem Lager der Forscherin nähern, ist das ein echter Gänsehautmoment!

Jane • Mindjazz • 1 DVD • etwa 16 Euro

Buch-Tipp

Guter Überblick

DARUM GEHT'S: Als GEOlino-extra-Leser kennt ihr natürlich die Unterschiede zwischen Altweltaffen und Neuweltaffen. Und ihr wisst längst, wie gesellig und klug Affen sein können. Das alles lest ihr auch in diesem Sachbuch. Trotzdem werden selbst Affenkenner viel Neues darin entdecken: Es bietet einen kurzen und klaren Überblick über die verzweigte Ordnung der Primaten und stellt euch deren besondere Eigenschaften vor.

DARUM LOHNT ES SICH: „Die Affenbande" ist übersichtlich gegliedert. Vor allem besticht es mit den außergewöhnlichen Illustrationen von Owen Davey.

Owen Davey: Die Affenbande – Alles über Mandrill, Gibbon, Schimpanse und Co. • Knesebeck • 40 Seiten • 14,95 Euro

Unsere Buchtipps präsentieren wir zusammen mit Mikado. Alles über das Kinderradio von NDR Info erfahrt ihr unter www.ndr.de/mikado

GEOlino extra Fotos: Marc Schüler/imago (1); PR (4); shutterstock (Hintergrund und Beiwerk)

Aktivisten

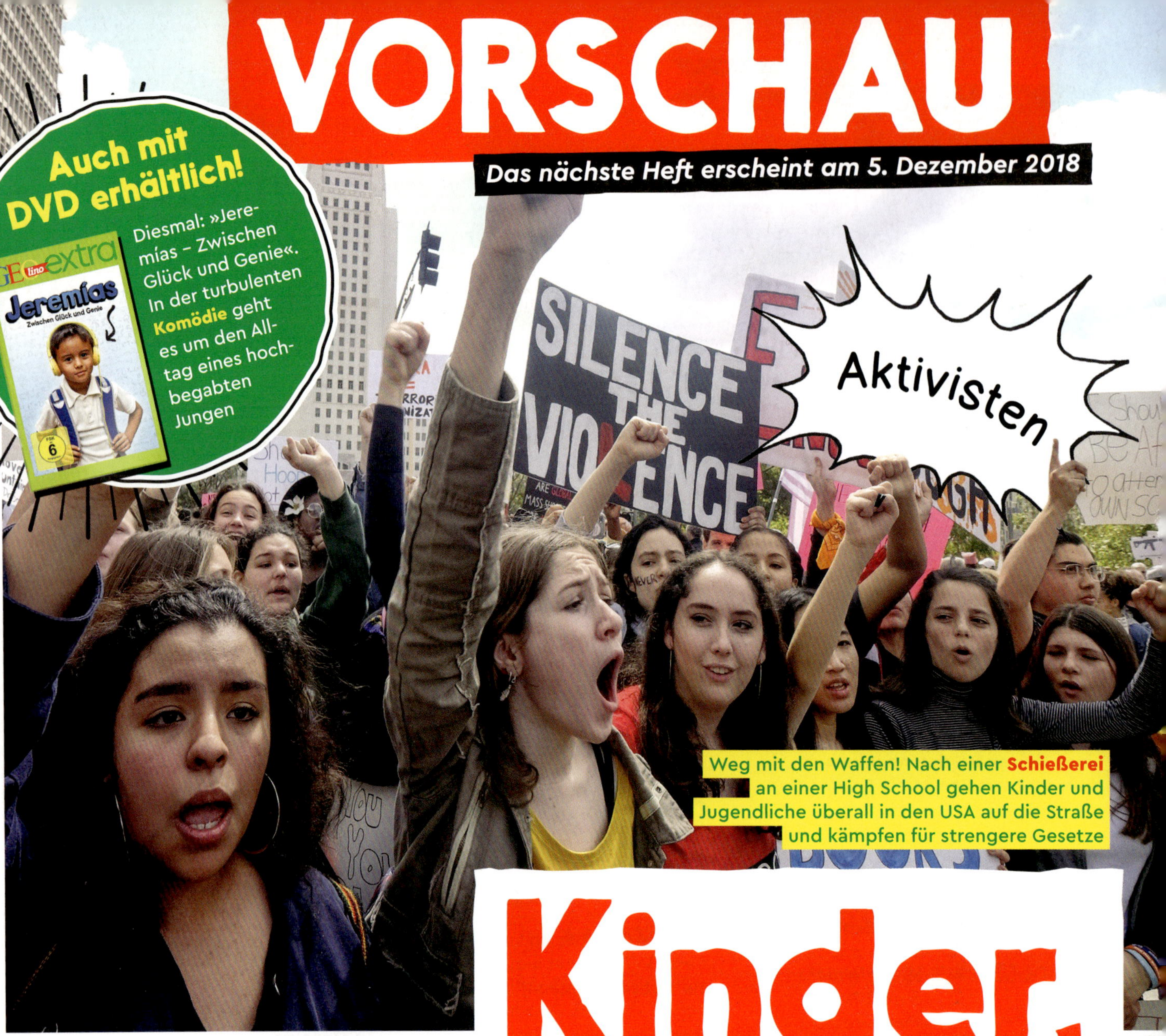

Weg mit den Waffen! Nach einer Schießerei an einer High School gehen Kinder und Jugendliche überall in den USA auf die Straße und kämpfen für strengere Gesetze

Zauberer

Von Harry Potter bis Pippi Langstrumpf: Wir stellen euch die einflussreichsten Kinderfiguren aus Büchern und Filmen vor

Kinder,
die die Welt bewegen

Eines wissen wir jetzt schon: Die kommende Ausgabe wird ein Kinderspiel! Ruck, zuck stolperten wir über Dutzende Geschichten von Kindern aus aller Welt, die Großes leisten. Über die von Alma Deutscher aus Großbritannien etwa: Schon mit sieben Jahren hat sie ihre erste **Oper** komponiert. Memory Banda aus Malawi hingegen kämpft für die Rechte von Mädchen – seitdem sie 13 Jahre alt ist. Kinder wie sie verändern die Welt, mit Mut, Leidenschaft und großartigen Ideen. Auch der Sport kommt im Heft nicht zu kurz: Ein junger **Schiedsrichter** erzählt uns, wie er auf dem Fußballplatz für Gerechtigkeit sorgt. Und wir verraten euch, wie junge **Youtube-Stars** mit ihren Videos Tausende von Gleichaltrigen erreichen.

GEOlino extra Fotos: ZUMA/ddp (l. u.); Jacopo Bruno/Carlsen Verlag GmbH (l. u.); Verena Brandt (r. o.); Matthias Ritzmann für GEOlino extra (r. u.); shutterstock (Beiwerk)
Wolfgang Thieme/dpa picture-alliance (r. m.)